novas buscas
em comunicação

VOL. 57

CB027995

Dados Internacionais de Catalogação na Publicação (CIP)
(Câmara Brasileira do Livro, SP, Brasil)

Chantler, Paul
    Radiojornalismo / P. Chantler, S. Harris; [tradução e consultoria técnica Laurindo Lalo Leal Filho]. – São Paulo : Summus, 1998. – (Coleção novas buscas em comunicação; v. 57)

    Título original: Local radio jornalism
    Bibliografia
    ISBN 978-85-323-0580-0

    1. Radiojornalismo I. Harris, Sim. II. Título.

97-5337   CDD-070.194

Índice para catálogo sistemático:

1. Radiojornalismo   070.194

RADIOJORNALISMO

Paul Chantler & Sim Harris

summus
editorial

Do original em língua inglesa
LOCAL RADIO JORNALISM by Chantler & Harris
Copyright © 1992 by Butterworth-Heinemann
Direitos para a língua portuguesa adquiridos por Summus Editorial

Tradução e Consultoria Técnica: **Laurindo Lalo Leal Filho**
Capa: **Roberto Strauss**

Summus Editorial
Departamento editorial:
Rua Itapicuru, 613 – 7º andar
05006-000 – São Paulo – SP
Fone: (11) 3872-3322
Fax: (11) 3872-7476
http://www.summus.com.br
e-mail: summus@summus.com.br

Atendimento ao consumidor:
Summus Editorial
Fone: (11) 3865-9890

Vendas por atacado:
Fone: (11) 3873-8638
Fax: (11) 3873-7085
e-mail: vendas@summus.com.br

Impresso no Brasil

SUMÁRIO

AGRADECIMENTOS

Agradecemos às seguintes pessoas e organizações que nos ajudaram na preparação do texto e das ilustrações deste livro:

Sir Peter Gibbings, presidente da Radio Authority; Tony Stoller, diretor-executivo da Radio Authority; Rob van Pooss, Mick Garrett e Don Scott, da Essex Radio; Margaret Hyde, da BBC Essex; Colin Mason da Choice FM; John Perkins, da Independent Radio News; Angus Moorat, da Metro Networks; Paul Robinson, da Talk Radio; Michael Bukht, da Classic FM; Mike Vince e Sheila Mallett, da Chiltern Radio; BBC Radio Publicity; Ingrid Bardua, por ter tirado muitas das fotografias, e, naturalmente, Margaret Riley, da Focal Press.

Paul Chantler gostaria, particularmente, de agradecer a Langley Brown, editor de jornalismo da BBC Radio Medway, na década de 1970, que o inspirou pessoalmente a abraçar o radiojornalismo.

APRESENTAÇÃO

A captação e a distribuição de notícias de todos os tipos é uma grande indústria, na qual o rádio desempenha um papel muito importante. O jornalismo é um elemento-chave no relacionamento das emissoras de rádio com o seu público. Nas rádios comerciais, em particular, as notícias locais estabelecem a ligação entre a emissora e a região para a qual ela transmite e contribuem para identificá-la junto aos ouvintes.

Desde 1991, após a promulgação da Lei de Rádio e Teledifusão, de 1990, as emissoras comerciais não são mais obrigadas a transmitir noticiários. No entanto, sem nenhuma exceção, cada um dos 180 ou mais serviços das estações da Grande Londres, voltadas para pequenos trabalhos comunitários, incluem algum tipo de cobertura jornalística em suas transmissões.

A primeira edição deste livro foi publicada há quatro anos e tornou-se um texto padrão para o jornalismo e para os estudantes de mídia. Esgotou-se. Escrito por dois experientes radialistas, Paul Chantler e Sim Harris, a segunda edição deste abrangente manual mostra como ingressar nesse ramo e, dentro dele, como desenvolver as habilidades por ele requeridas.

Jornalismo é uma profissão competitiva e exigente. Requer honestidade e precisão para que os resultados do trabalho sejam dignos dos esforços despendidos na busca de matérias e na divulgação de suas constatações. O radiojornalismo, em particular, exige que os fatos divulgados sejam exatos e fiéis à realidade porque, diferente dos jornais, a legislação governamental busca evitar a transmissão de notícias falsas pelo rádio ou pela televisão. A Radio Authority tem um código que regula os programas de notícias e de atualidades. Esse código foi implementado pela Lei de Rádio e Teledifusão, de 1990, e determina que as emissoras de rádio sejam precisas e imparciais em suas coberturas jornalísticas e programas de informações. Os funcionários da BBC adotam um manual de trabalho que tem orientações similares a essas. Este livro destaca, com propriedade, a importância da imparcialidade e da precisão no radiojornalismo.

Durante os últimos cinco anos, a Radio Authority tem se empenhado no desenvolvimento do rádio comercial e, como resultado, no momento em que escrevo, há 68 novas rádios locais e três novas emissoras nacionais. Além disso, no início da década de 1990, a BBC lançou a Radio 5, uma emissora especializada em jornalismo e esporte. A nova tecnologia digital (Digital Audio Broadcasting) permitirá o uso mais eficiente das ondas sonoras, o que, por sua vez, tornará possível um aumento do número de emissoras. Conseqüentemente, há agora mais oportunidades para que as pessoas se tornem radiojornalistas, e este livro deverá ser leitura essencial para todos os estudantes de mídia.

Peter Gibbings
Presidente da Radio Authority

PREFÁCIO À EDIÇÃO BRASILEIRA

"O papel do rádio é propiciar a criação de um eleitorado mais inteligente e iluminado, tornando-se um fator de integração para a democracia." Essa frase é de 1926 e foi dita pelo primeiro diretor-geral da BBC, o engenheiro escocês John Reith. Setenta anos depois, o rádio — agora ao lado da televisão — continua cumprindo essa função na Grã-Bretanha. E, dentro dele, a responsabilidade de oferecer os instrumentos básicos para o exercício da democracia cabe ao radiojornalismo.

Mesmo com o fim do monopólio radiofônico da BBC e com a proliferação de emissoras mantidas pela propaganda, ocorrida a partir do final da década de 1970, o radiojornalismo mantém-se fiel às suas origens, como um prestador de serviços à população, distante de qualquer interferência política ou comercial. Nas emissoras britânicas, mantidas pela propaganda, os boletins informativos e os programas jornalísticos não podem ter patrocínio. E a prestação de serviços não é simplesmente falar do trânsito ou dar a previsão do tempo. É principalmente apresentar fatos e idéias que contribuam para a prática cotidiana da cidadania.

Mas para realizar um trabalho desse tipo não bastam apenas boas intenções. É preciso gostar do rádio e ter competência para usá-lo corretamente. Este livro trata disso. Ele é um manual de radiojornalismo, capaz de responder a muitas das indagações práticas daqueles que já fazem rádio e se defrontam com surpresa no seu dia-a-dia profissional, e é igualmente um guia seguro para quem pretende se aventurar por esse fascinante caminho.

Por mais curioso que possa parecer, este livro talvez seja até mais rico para o leitor brasileiro do que tem sido para o público britânico. Para ambos, o texto ensina, de forma clara, objetiva e bem-humorada, como desenvolver um trabalho de radiojornalismo, desde a realização de diferentes formas de reportagem até como administrar o orçamento de uma redação, passando — como não poderia deixar de ser — pelo uso das novas tecnologias digitais. Mas para o leitor brasileiro, há um prêmio extra nessa leitura: ele vai entrar em contato com um radiojornalismo executado num país de sólida tradição democrática e de absoluto respeito às liberdades individuais. Sem dúvida, um bom exemplo.

Há um capítulo inteiro dedicado aos cuidados que os radialistas devem ter na cobertura de casos policiais. Os autores chegam ao requinte de simular uma situação criminosa para mostrar como os repórteres de rádio devem se comportar em cada momento do caso, desde a primeira informação sobre a ocorrência do crime até o veredito do tribunal. É uma aula de respeito aos cidadãos, que não podem ser vítimas de condenações apressadas da imprensa ou da polícia. Quem faz isso também torna-se criminoso, como vocês vão ver a seguir.

Para manter esse clima britânico, as adaptações para a realidade brasileira foram mínimas. Mantiveram-se os exemplos em libras, o que não causa maior desconforto ao leitor brasileiro, assim como o tópico sobre a influência norte-americana na língua falada na Grã-Bretanha, como curiosidade. Mas uma lista de clichês em inglês foi substituída por exemplos em português.

A origem deste manual está no crescimento das emissoras de rádio locais na Grã-Bretanha, verificado nos últimos anos. No Brasil, a expansão das rádios comunitárias e, a necessidade de alternativas locais e regionais às programações geradas pelos grandes centros urbanos, torna este livro um texto de apoio imprescindível, tanto para quem já faz rádio profissionalmente como para quem ainda está na escola.

Para a publicação no Brasil foi necessário primeiro decidir se seria feita uma simples tradução do inglês ou uma adaptação. O primeiro impulso, após uma leitura inicial, era de optar pela adaptação, já que o livro é marcadamente britânico, com referências muito específicas à radiofonia daquele país. No entanto, uma adaptação bem-feita acabaria resultando num novo livro. Diante disso, optou-se pela simples tradução, com as necessárias notas explicativas.

Sendo assim o livro está sendo apresentado ao leitor brasileiro como um manual de radiojornalismo (que é sua parte mais extensa e mais significativa), aplicável em qualquer país, com referências ao modelo britânico de radiodifusão. Ele está voltado para o público universitário e profissional. Na universidade os professores podem utilizá-lo como guia na produção de variados tipos de programas jornalísticos (não só radiojornais, mas programas de entrevistas, coberturas eleitorais, transmissões esportivas) e como material de estudo comparativo entre a radiofonia britânica e a brasileira. Para os alunos, o livro pode ser visto como um texto de acompanhamento do curso, já que as fórmulas propostas podem ter um desdobramento prático e imediato no laboratório de radiojornalismo das escolas.

Um dos pontos altos desse texto é o cuidado em detalhar as atividades práticas do radiojornalismo. Para os estudantes revela técnicas que, às vezes, não são descobertas nem em muitos anos de profissão. Quanto os autores tratam da entrevista radiofônica, por exemplo, há uma classificação didática dos seus vários tipos, facilitando a compreensão dos motivos que levam a posturas diferentes do repórter em cada uma das situações. A questão do som ambiente é cuidadosamente analisada no item a respeito da locação das entrevistas. Um estudante que receba informações de como colocar seu entrevistado, no caso um professor, tendo como som de fundo o ruído dos alunos, jamais se esquecerá disso. Principalmente por que o livro é escrito de forma bem-humorada. Nessa passagem, os autores dizem que, se além dos ruídos das crianças, na hora da entrevista tocar o sinal do recreio, então será a glória. Para eles, com razão, "a atmosfera exterior é um fenômeno curioso — nós simplesmente não percebemos sua existência na realidade, mas no rádio ela salta fora do aparelho".

Para os profissionais, o livro pode servir como instrumento para a realização de novos programas, com fórmulas já consagradas da Grã-Bretanha e ainda pouco desenvolvidas no Brasil. Há um capítulo dedicado aos programas especializados, com o detalhamento das técnicas utilizadas nas entrevistas feitas do estúdio por telefone, nos documentários jornalísticos e nas coberturas externas. São atividades que nunca foram sistematizadas num livro no Brasil.

Resta ainda um comentário sobre a especificidade mais significativa do livro: seu caráter local. No Brasil não há tradição explícita de rádio local, como existe na Grã-Bretanha. Mas embora sem se assumirem como locais, a maioria das emissoras brasileiras faz exatamente isso. Dessa forma, o livro contribuirá para que essas estações reflitam sobre o papel específico que desempenham na sociedade e passem a exercê-lo com mais eficiência.

Em síntese, o livro reúne informações técnicas básicas para a produção do radiojornalismo, dá dicas preciosas para a melhoria do desempenho profissional dos radiojornalistas, serve perfeitamente como texto básico para as cadeiras universitárias ou para cursos técnicos e pode auxiliar na administração de um departamento de radiojornalismo de qualquer emissora de rádio brasileira. E, de quebra, mostra um pouco do funcionamento do rádio na Grã-Bretanha.

Laurindo Lalo Leal Filho
Professor livre-docente do Departamento de Jornalismo e Editoração
da Escola de Comunicação e Arte da USP

PREFÁCIO À SEGUNDA EDIÇÃO INGLESA

Quando a televisão tornou-se popular, na década de 1950, surgiram previsões anunciando a morte do rádio. Passados mais de quarenta anos, o rádio é, hoje, mais empolgante e diversificado do que antes. A rádio local está crescendo muito rapidamente em diversas áreas do Reino Unido, que podem agora ter a oportunidade de desfrutar de uma ampla escolha de estilos e formatos radiofônicos. E milhões de pessoas podem buscar um conjunto de notícias de seu interesse através do rádio.

Por isso é que a rádio local é um desafio para jornalistas de todos os níveis. Desde aqueles que trabalham em emissoras bem equipadas e solidamente instaladas, como o são as redações das rádios locais da BBC — que possuem um grande compromisso com a informação — até os que atuam numa pequena e única rádio comercial de determinada cidade, muitas vezes operada por uma só pessoa, transmitindo apenas algumas horas de notícias locais todas as manhã.

Este livro é um manual de trabalho para os radiojornalistas. Esperamos que ele seja útil tanto para quem está procurando seu primeiro emprego, como para aqueles que já têm muitos anos de experiência em rádio local. Para a segunda edição fizemos muitas alterações e acréscimos, não só buscando atualizá-la diante das novas tecnologias, mas, também, para torná-la mais detalhada e abrangente, além de mais didática e mais fácil de ser lida.

Desde a primeira edição, publicada em 1992, ocorreram muitas mudanças na estrutura, tanto da BBC como das rádios comerciais locais na Grã-Bretanha, e isso está descrito quando fazemos uma análise do setor. Reescrevemos o capítulo sobre a tecnologia do rádio para dar conta dos processos digitalizados de gravação e edição, bem como do crescente uso de computadores nas emissoras de rádio, em geral, e nas redações, em particular.

Há, também, novos setores cobertos pelo jornalismo das emissoras locais e novas técnicas para conquistar o público, com a diversificação das formas de apresentação do noticiário e uso de pesquisas de audiência. A seção que trata das questões legais foi modificada e atualizada, com um guia mais abrangente das formas de defesa contra acusações de difamação e com mais dicas sobre como fazer reportagens radiofônicas dos tribunais. Há grande ênfase na seção que trata da reportagem sobre as técnicas de edição. O Glossário foi cuidadosamente revisado e acrescido de explicações sobre velhos e novos jargões do rádio. Muitas fotos são novas.

Há muitas definições de notícias. Duas delas são nossas favoritas. A primeira é: "Aquilo que é novo, interessante e verdadeiro", de Robert McLeish, consagrado autor da Radio Procdution (Focal Press); e a segunda: "Assuntos que eu quero conhecer num curto período de tempo", do consultor norte-americano de radiojornalismo Rasa Kaye. Os jornalistas que trabalham em rádio local vivem um duro dilema: "As pessoas gostam de notícias locais, mas não das notícias locais dos outros". As habilidades, os instrumentos e as técnicas para enfrentar esse dilema são o objeto deste livro.

Paul Chantler
Sim Harris

Capítulo 1

A ESTRUTURA DA RÁDIO BRITÂNICA LOCAL

A rádio local, na Grã-Bretanha, ou é da BBC ou é comercial. As emissoras da BBC são mantidas com recursos públicos originados pela licença paga pelos ouvintes. Essas estações são controladas pela BBC e sua programação consiste, basicamente, de notícias e informações para a comunidade. As emissoras comerciais dependem da receita da venda de anúncios e de apoios culturais. São administradas por companhias independentes e regulamentadas pela Radio Authority. Muitas dessas empresas, agora, são propriedade de grandes grupos empresariais como a EMAP, a GWR, a Capital e, em geral, privilegiam programas musicais e de entretenimento, mas com inserções de notícias locais e informações variadas.

AS RÁDIOS LOCAIS DA BBC

As rádios locais da BBC são serviços voltados para a difusão do noticiário local, que inclui informações gerais, atualidades, notícias esportivas e debates entre a comunidade.

Existem, atualmente, 38 emissoras locais da BBC em toda a Inglaterra servindo a diferentes e contrastantes comunidades. Algumas, como a GMR, em Manchester, e a WM, em West Midlands, cobrem um grande conjunto de cidades vizinhas, enquanto outras, como a Radio Cornwall e a Radio Lincolnshire, estão localizadas em áreas predominantemente rurais.

Em média, o tempo de transmissão de notícias e informações nas rádios locais, que era de cerca de 50% em 1990, passou para 80% em 1997. Cada emissora fica no ar, em média, dezoito horas por dia, normalmente das 6h até a meia-noite.

A RÁDIO COMERCIAL

A rádio comercial sobrevive da receita publicitária. Para conseguir anúncios uma emissora comercial tem de atrair grande audiência e agradar a um grande mercado em potencial. Por isso, muitas emissoras comerciais têm uma programação baseada em diferentes tipos de música popular, complementada com notícias e informações gerais.

Existem mais de 180 rádios comerciais de âmbito local ou regional no Reino Unido, quase todas transmitindo 24 horas por dia. O conjunto de rádios comerciais locais vai das localizadas nas grandes cidades como a Capital, em Londres, Clyde, em Glasgow, e Metro, em Newcastle, até as pequenas emissoras das áreas rurais como a Moray Firth, em Inverness, a KFM, em Tunbridge Wells e a Radio Ceredigion em Aberystwyth. A Radio Authority está, atualmente, licenciando também um grande número de emissoras regionais que cobre populações que variam entre 1 e 3 milhões de habitantes. Entre elas estão a Galaxy 101 no Sudoeste, a Heart FM no Meio-Oeste e a Century Radio no Noroeste.

As emissoras comerciais têm diferentes tipos de programação. Entre as mais populares estão a Contemporary Hit Radio (com os quarenta sucessos musicais do momento), a Gold (com sucessos das décadas de 1960 e 70), e a Dance (com músicas de discoteca). Em Londres há um conjunto de dezenove emissoras que transmitem as mais diferentes programações, incluindo a Jazz FM (jazz), a Melody (música suave) e a Premier (cristã). Londres tem ainda duas emissoras que não transmitem música: a News Direct e a LBC.

A Radio Authority regula o setor pela concessão de licenças, ouvindo e encaminhando queixas e garantindo que todas as emissoras cumpram o seu Compromisso de Desempenho — um conjunto detalhado de especificações sobre o conteúdo e a forma das programações que fazem parte da licença de concessão.

UMA BREVE HISTÓRIA DA RÁDIO LOCAL

A rádio local surgiu em 1967, quando a BBC colocou no ar a Radio Leicester, em caráter experimental. Antes disso, existiam programas regionais nas rádios nacionais, mas nada que se assemelhasse a uma rádio local.

A BBC deteve o monopólio desse serviço por seis anos, até que a primeira emissora comercial, a LBC, começasse a transmitir de Londres, em 1973. Ela foi seguida, alguns dias depois, pela Capital Radio. Durante a década de 1970 e início da de 1980, o número de emissoras comerciais e da BBC continuou a crescer pelo Reino Unido.

Todas as rádios locais possuem freqüências AM e FM. Em meados da década de 1980, as estações comerciais foram estimuladas a dividir suas transmissões, oferecendo programações diferentes em cada uma de suas freqüências. As escolhas das músicas favoritas entre as quarenta mais tocadas ficaram nas FMs, e as informações e os programas com mais locução ficaram nas AMs.

Enquanto isso, aumentou o número de rádios locais da BBC que deixou de transmitir para apenas uma cidade, transformando-se em emissoras regionais. A Radio Medway tornou-se Radio Kent, e a Radio Brighton tornou-se a Radio Sussex.

No final da década de 1980 e começo da de 1990, tanto as emissoras locais da BBC como as das empresas comerciais estavam consolidadas. As estações comerciais, de propriedade de companhias locais independentes, foram compradas por grandes grupos, e algumas emissoras da BBC foram fundidas para ampliar seu raio de cobertura. Quando houve o relicenciamento do setor comercial, a Radio Authority introduziu oficialmente o Compromisso de Desempenho para garantir que todas as emissoras mantivessem o conteúdo local de sua programação, mesmo no caso da mudança de seus proprietários.

No setor comercial, a batalha por audiência tornou-se mais feroz com programações e técnicas promocionais importadas dos Estados Unidos e da Austrália, onde a rádio mantida pela propaganda estava mais consolidada. A rádio comercial possui agora a metade do total da audiência no país, ficando a outra metade com os serviços nacional e local da BBC. Estas últimas apresentam maior número de programas, baseados na locução e em entrevistas, buscando a audiência de um público com mais idade.

Agora a rádio local compete com a rádio nacional. Além das cinco emissoras nacionais da BBC (One FM, Radio Two, Radio Three, Radio Four e Radio Five Live), há três estações comerciais nacionais (Classic FM, Virgin Radio e Talk Radio).

A despeito da grande proliferação de estações, o número total de pessoas que ouve rádio parece permanecer o mesmo. Tendo de competir com uma possibilidade cada vez maior de escolhas, a luta pela audiência no rádio está se tornando maior do que nunca. A identidade com a região e o noticiário local são ferramentas essenciais nessa disputa.

Capítulo 2

O TRABALHO NUMA RÁDIO LOCAL

O RÁDIO

O primeiro passo para alguém se tornar jornalista de rádio é procurar entender a força do meio e as razões de sua potência. Você pode utilizar essa força para torná-lo um veículo poderoso e inesquecível.

Por que rádio?

Pesquisas sobre a recepção de notícias junto ao público mostram que o rádio é considerado a fonte mais pura de informações jornalísticas, e isso é atribuído à rapidez com que as notícias são transmitidas.

Segundo essas pesquisas, o público vê as notícias dos jornais como uma ampliação do que já foi divulgado pelo rádio e pela televisão. Os tablóides sensacionalistas, que buscam o mercado consumidor de baixa renda, são vistos simplesmente como veículos alimentadores de escândalos, cobrindo mais a vida de estrelas de cinema ou de televisão do que eventos realmente jornalísticos. E os jornais sérios estão mais concentrados em análises e comentários do que nas notícias do momento.

A televisão, por sua vez, é um veículo muito complexo que necessita de um grande número de pessoas para operá-la. Isso reduz sua capacidade para reagir rapidamente aos fatos jornalísticos, ficando muitas vezes presa a problemas técnicos.

Por outro lado, as pessoas ouvem o noticiário do rádio quando querem saber rapidamente o que está acontecendo. O fato de as notícias no rádio serem geralmente curtas, torna-as bem sintéticas, concentradas apenas no acontecimento, sem maiores rodeios.

Rapidez e simplicidade

O rádio é geralmente melhor quando é feito "ao vivo" ou quando relata um acontecimento que está ocorrendo naquele instante. Como necessita relativamente de poucos recursos técnicos, um fato jornalístico pode estar no ar segundos depois de ter-se iniciado e continuar sendo sempre atualizado. Ele trabalha melhor com fatos que exigem uma reação rápida e possui uma flexibilidade que não existe em nenhum outro meio de comunicação porque, comparativamente, poucas pessoas estão envolvidas em seu trabalho.

O rádio pode ser operado por apenas uma pessoa, com um gravador e um telefone. Não há câmeras, luzes ou produtores-assistentes. Normalmente, só um transmissor e um microfone separam o locutor ou a locutora do ouvinte. Você deverá sempre empenhar-se para fazer o melhor uso possível das grandes qualidades do rádio: a velocidade e a simplicidade.

A criação de imagens

O rádio é o melhor meio para estimular a imaginação. O ouvinte é sempre levado a imaginar o que ouve e o que está sendo descrito. As imagens são emocionais, como a voz de uma mãe suplicando informações sobre sua filha adolescente desaparecida. São imagens que, no rádio, não se limitam ao tamanho da tela. Elas têm o tamanho que você quiser.

De pessoa para pessoa

O rádio é um meio muito pessoal. O locutor fala diretamente para o ouvinte. É muito importante considerar cada ouvinte como se fosse uma única pessoa. Quando você fala no rádio, você não está falando para as massas por meio de um gigantesco sistema de transmissão de mensagens. Você está falando para *uma* pessoa, como se estivesse conversando com ela, bebendo juntos uma xícara de café ou um copo de cerveja.

O rádio permite, também, que se ouça toda a emoção da voz humana, da gargalhada ao choro, da dor à compaixão. Esses sons podem transmitir sensações mais fortes do que a leitura de um texto sobre o mesmo acontecimento. Isso porque o *modo* de dizer é mais importante do que *o que* é dito.

A identidade local

A força do jornalismo numa emissora de rádio local é o instrumento que dá a ela a sensação de ser verdadeiramente local. Estações de rádio locais que querem atingir grande audiência e ignoram o jornalismo correm riscos. Num mercado cada vez mais disputado, o jornalismo é uma das poucas coisas que distinguem as emissoras locais de todas as outras.

Notícias obtidas na esquina são tão ou mais importantes do que as recebidas de outras partes do mundo. Há, no entanto, o perigo de tornar tudo muito local. É preciso distinguir entre o que é local e o que é paroquial. O noticiário da rádio local não é uma versão sonora dos jornais locais, acima de tudo, por uma questão de espaço. É importante avaliar corretamente o que é uma notícia local. Por exemplo, uma história a respeito de um gato que sobe na árvore é muito paroquial para quase todas as emissoras de rádio. A mesma história sobre um bombeiro morto quando tentava apanhar o gato não só é uma boa história local, como também é uma notícia de interesse nacional.

O RADIOJORNALISTA LOCAL

Fazer rádio é exercer um trabalho público. Na Grã-Bretanha, têm-se boas oportunidades de ouvir como isso é feito sintonizando a Radio One, a Classic FM, o Serviço Mundial da BBC ou a rádio comercial local.

Mas que qualidades devem ter os seus profissionais ou *free lances*?

É essencial que você tenha claro o que quer fazer no rádio. Os pedidos de emprego imediatamente rejeitados pelas estações de rádio estão em cartas que começam com frases do tipo: "Eu estarei disposto a fazer qualquer coisa, inclusive o café...". Os autores desse tipo de carta acreditam que suas chances de obter o emprego aumentariam se mostrassem que são versáteis. Na realidade, as pessoas que ficam muito deslumbradas pelo rádio acabam tornando suas propostas impraticáveis.

Além dos jornalistas, os outros profissionais que mais atuam ao microfone são os apresentadores. O termo "apresentador" pode abranger todos os tipos de transmissão, desde *disc-jockey* em programas de música popular à leitura dos boletins marítimos da Radio Four.

As qualidades do radiojornalista

Estamos no melhor momento para começar no rádio. O setor está crescendo rapidamente na Grã-Bretanha e o principal problema dos diretores é encontrar pessoal suficiente para fazer o trabalho. No entanto, atenção às palavras "para fazer o trabalho". Não há escassez de pessoas querendo fazer isso. O que ocorre, infelizmente, é que nem todas têm as habilidades necessárias para atingir seus objetivos.

Um radiojornalista competente deve combinar o talento tradicional do repórter com as habilidades exigidas pelo rádio. Talento tradicional quer dizer escrever claramente, ter uma compreensão fácil do idioma, sair-se bem de situações complicadas e — o mais difícil de tudo — "faro para as notícias" ou competência para saber o que pode render uma boa história.

O radiojornalista precisa sentir-se à vontade com os novos e velhos equipamentos e com as antigas e modernas técnicas radiofônicas. Isso significa editar fitas, copiar áudios, gravar boletins com voz e som ambiente, ler o noticiário ao vivo e conduzir entrevistas. Se algumas dessas palavras não lhe dizem nada, não se aborreça. Elas estão explicadas mais à frente.

O bom jornalista de rádio tem de ser versátil, tecnicamente competente, capaz de trabalhar sob forte pressão do tempo e ter habilidade para enfrentar um grande desastre e uma história alegre na mesma hora. Os jornalistas de rádio devem ser ágeis, a ponto de gravar uma entrevista ou redigir uma nota sobre um caso ocorrido no tribunal, literalmente alguns segundos antes de a matéria ir para o ar.

A capacidade de imaginação do jornalista de rádio local é importante, mas isso não quer dizer que ele possa fantasiar para dar mais impacto às notícias. É preciso ter idéias de pautas originais e buscar notícias em lugares onde aparentemente elas não surgem, como nas agendas das reuniões da Câmara de vereadores.

O início da carreira

Há jornalistas trabalhando em emissoras de rádio que nunca falaram ao microfone. Eles geralmente ocupam cargos de editores numa grande redação nacional, como o Serviço-Geral de Notícias da BBC que fornece material para as rádios locais da BBC ou no jornalismo da Independent Radio News, que produz noticiário para várias emissoras comerciais. Mas essas pessoas são, em geral, bastante experientes; exercem funções que raramente são oferecidas para iniciantes.

O jornalista em começo de carreira tem mais facilidade de encontrar emprego numa rádio local, o que significa trabalhar numa redação menor onde todo mundo tem de fazer de tudo. O editor deve redigir as notícias e fazer reportagens, e durante parte do dia a redação pode ficar reduzida a apenas uma pessoa. Plantões de fins de semana, se existirem, são freqüentemente executados por uma pessoa que faz tudo: apresenta boletins, atende aos telefonemas e até consegue uma ou duas entrevistas entre um noticiário e outro para o jornal da manhã da segunda-feira.

Existe uma frase que nunca deve ser ouvida numa pequena redação de uma rádio local: "Este não é meu trabalho". O jornalista de rádio amplia sua versatilidade numa rádio local. Na maioria das pequenas redações não há especialistas em um tipo de assunto como política ou economia, não existem subeditores e não há nem mesmo secretárias na redação.

Hoje as notícias são, na maioria das vezes, apresentadas por jornalistas. O velho estilo dos locutores de notícias, com voz bonita, ainda sobrevive nas transmissões nacionais da BBC e no seu serviço internacional. No sistema tradicional o locutor entra com a voz e a notícia é escrita por outra pessoa. Na rádio local os boletins são apresentados pelo pessoal da redação. Em algumas grandes emissoras comerciais, no entanto, tem-se desenvolvido um sistema em que uma equipe de jornalistas produz boletins para serem enviados a várias rádios ao mesmo tempo. Mas isso é uma exceção à regra.

Existe mais uma qualidade que ainda não mencionamos, pelo menos não diretamente. É a mais importante de todas no radiojornalismo: *o entusiamo*.

Mas não se engane, o trabalho pode ser duro. Uma boa história, às vezes, não tem hora para acabar. Isso pode ser cansativo e estressante, ainda mais com horários apertados de fechamento todos os dias. Você também pode ficar sozinho na redação numa monótona tarde de domingo. Socialmente pode ser muito ruim, mas, afinal, alguém precisa trabalhar no Natal! Por outro lado, o trabalho pode ser muito agradável e recompensador quando você consegue produzir e mandar para a rádio, em tempo hábil, a principal matéria do jornal. Ou apresentar o mais importante noticiário da emissora, com satisfação, dando notícias importantes. Em outras palavras, o trabalho também pode ser prazeroso e altamente satisfatório. E é assim que ele deve ser feito.

COMO BUSCAR UM EMPREGO

Não existe nenhuma receita para se conseguir emprego no radiojornalismo. Mas competência e persistência são essenciais. É sempre bom ter um alto nível educacional, embora isso não seja imprescindível. Os critérios variam de uma emissora para outra. Algumas só aceitam pessoas graduadas; outras preferem experiência em vez de escolaridade.

O melhor conselho para jovens que querem tornar-se radiojornalistas é combinar um alto nível de educação com o máximo de experiência profissional possível. Lembre-se da possibilidade de oferecer seus serviços gratuitamente! Muitas redações aceitam estagiários para executar tarefas complementares às dos jornalistas contratados. Nesse caso, podem pedir para você fazer serviços simples como rebobinar fitas. Receba a incumbência como uma excelente oportunidade para entender o funcionamento das novas máquinas de gravação.

Lembre-se também de ouvir rádio. Você pode aprender muito ouvindo os diferentes estilos de radiojornalismo das emissoras nacionais, como a Radio Four da BBC ou a Talk Radio. Ouça com especial atenção as transmissões das rádios nas quais você gostaria de trabalhar. É surpreendente como são poucos os jovens jornalistas, em início de carreira, que fazem isso.

Jornais locais

A experiência de trabalho num jornal de bairro é ainda um dos melhores caminhos para se conseguir um emprego numa rádio local, embora as técnicas de redação sejam diferentes. As pessoas que passam pelos jornais locais chegam ao rádio dominando os conhecimentos básicos do jornalismo e, algumas vezes, com um conhecimento muito útil da região.

Eles são treinados em leis, administração pública, datilografia, estenografia — e tudo o que é usado no radiojornalismo. Eles têm, também, boa experiência em coberturas de todo o tipo de acontecimento, desde exposições de flores até inquéritos policiais. Precisão e equilíbrio estão incorporados nesse tipo de profissional, além de conhecerem a diferença entre um investigador e um delegado de polícia! Os jornais são ainda o melhor caminho para se desenvolver o faro essencial para a busca de notícias.

Rádio hospital*

Da mesma forma que os jornais locais proporcionam um bom conhecimento de jornalismo, as estações de rádio dos hospitais contribuem para o aperfeiçoamento da prática das técnicas radiofônicas. Elas funcionam em circuitos fechados transmitindo para pacientes de hospitais e asilos. Há centenas delas em todo o Reino Unido. É um trabalho voluntário, com a possibilidade de treinar tudo, desde a apresentação até a realização de transmissões externas, freqüentemente aprendendo como é possível ir em frente sem contar com treinamento formal. Há também a sensação gratificante de saber que o seu serviço está voltado para pessoas internadas num hospital (ver Ilustração 2.1, p.27).

Os equipamentos e a qualidade da produção variam de estação para estação. Um dos melhores caminhos para arranjar trabalho numa rádio profissional é conseguir combinar a prática num jornal local com a experiência numa rádio hospital. Se você estiver prestando serviços numa estação de rádio hospital e ela não possuir o seu próprio programa de notícias locais, por que não propor isso a ela?

---

* A rádio hospital foi criado no Reino Unido em 1951. Hoje existem aproximadamente trezentos desses serviços funcionando no país, atendendo a cerca de 250 mil pacientes. A maioria dessas emissoras está filiada à Organização Nacional de Rádio Hospitalar. Os programas são transmitidos de pequenos estúdios, através de cabos, para os fones de ouvido dos pacientes. (N. do T.)

Rádio estudantil*

Muitas universidades possuem emissoras de rádio que transmitem em sistemas fechados, que só podem ser captadas nas dependências da escola. Assim como ocorre com as rádios hospitais, elas também variam muito em termos de recursos e da qualidade das transmissões. Seus programas são direcionados para um público bem informado de jovens que querem ouvir determinado tipo de música, geralmente alternativa. As emissoras dos estudantes têm a vantagem de contar com os recursos de pesquisa que a universidade pode oferecer.

Algumas emissoras estudantis também transmitem notícias da vida na universidade. Uma fita gravada por você, com boletins informativos e entrevistas feitas para a rádio da escola, são um excelente material para demonstrar experiência quando se está buscando um emprego de radiojornalista. Muitas dessas emissoras estão obtendo crescente prestígio pelas inovações, criatividade e qualidade tanto dos programas falados como dos musicais.

Emissoras de serviços restritos

As licenças para serviços restritos (RSLs, sigla em inglês) são concedidas para transmissões em baixa potência, normalmente por períodos de 28 dias. As RSLs têm uma área de cobertura limitada geograficamente. Desde 1991, a Radio Authority licenciou mais de mil RSLs.

Diversos grupos, ou mesmo indivíduos isolados, colocam no ar esse tipo de serviço cobrindo uma grande variedade de temas ou eventos, como festivais artísticos, celebrações religiosas, projetos escolares, festas populares, campanhas de caridade e eventos esportivos. Muitas RSLs são lançadas como uma forma de ensaio de um grupo que pretende se candidatar à concessão de licença para operar uma rádio comercial e para demonstrar o grau de apoio que tem da comunidade. Desde que respeitem as normas da Radio Authority, essas emissoras podem transmitir o que quiserem.

Cursos universitários

Está crescendo o número de cursos universitários voltados para o ensino de técnicas de rádio, em geral, e do radiojornalismo em particular. Há

---

* A primeira transmissão legal de uma rádio estudantil no Reino Unido foi realizada na Universidade de York, em 1969. Antes essas emissoras funcionavam clandestinamente. Em 1972 foi criada a Associação Nacional de Emissoras Estudantis que reúne hoje vinte estações. (N. do T.)

26

Ilustração 2.1 — As rádios hospitais são um bom caminho para futuros radiojornalistas profissionais. Mas esta foto tirada no Hospital de Tunbridge Wells mostra como os ouvintes também podem se tornar radialistas! *Cortesia do Kent and Sussex Courier*

uma grande competição pelas vagas. Existem duas principais categorias de cursos — a pós-graduação conduzindo para um diploma ou para um certificado similar, ou os cursos de três anos de Estudos de Comunicação e Mídia, em nível de graduação. Este último oferece um currículo que combina estudos de rádio, televisão e outros meios de comunicação. Mas tanto um quanto outro, freqüentemente, incluem breves contatos com trabalhos práticos desenvolvidos nas emissoras de rádio.

Os estudantes que pretendem ingressar nesses cursos precisam tomar cuidado para escolher o que melhor se adapte às suas expectativas. A maioria deles está voltada para a prática. Alguns oferecem oportunidades para escrever e apresentar programas, outros estimulam os estudantes a analisar a política do rádio e da televisão e a história desses meios no contexto social e cultural.

Entre os administradores das emissoras de rádio existe um pouco de desprezo pelos cursos que, durante três anos, dão mais ênfase à teoria do que à prática. Eles devem lembrar, no entanto, que esses cursos não são simplesmente treinamentos dirigidos para atender às necessidades das empresas. Um estudante graduado em mídia deve saber não apenas *como* se faz o trabalho, mas também responder às questões sobre *por que* as coisas são conduzidas em certa direção e *que outros caminhos* existem para fazê-las.

A verdade é que um profissional graduado ou pós-graduado em comunicação pode, ao mesmo tempo, dominar as técnicas jornalísticas e radiofônicas e combiná-las ao conhecimento teórico do jornalismo e do lugar que ele ocupa na sociedade.

Treinamento na BBC

A BBC anuncia periodicamente a existência de vagas para estágios ligados às suas necessidades operacionais que, por isso, variam a cada ano.

Até há algum tempo, esses treinamentos eram realizados para radio-repórteres locais, mas as necessidades mudaram e foi preciso oferecer habilitação simultânea para o trabalho, tanto no rádio como na televisão. Um dos planos de treinamento lançados recentemente é o Regional Broadcast Trainee.

Diante do crescente número de candidatos, a BBC está exigindo um alto nível de texto e de comunicação verbal, além de demonstrações claras de interesse pelo rádio e pela televisão e de compromisso com seus valores.

Free lancer

Por causa da competição, muitas vezes é difícil encontrar um trabalho fixo depois das experiências em rádios estudantis, jornais locais, radio hospitais ou nas emissoras de serviço restrito. Uma saída é oferecer seu trabalho como *free lance*. Para isso, você deve ser versátil e confiar em suas próprias habilidades. Esta não é a melhor das opções, caso você esteja buscando um emprego seguro, mas pode ser rendosa.

A sua propaganda

Muitas das ofertas de emprego são anunciadas em jornais como o *Guardian* e o *Independent* e em revistas como *Broadcast, Radio Magazine* e *UK Press Gazette*. Você pode se candidatar a esses empregos diretamente, pode procurar informações no Departamento de Recrutamento de Pessoal da BBC ou ainda sondar, por carta, as possibilidades de trabalho em algumas das emissoras de rádio existentes no Reino Unido. Você ficará surpreso ao ver como muitos editores de jornalismo, ainda que sempre atarefados, são capazes de convidar alguém para uma conversa informal só pela impressão positiva causada por uma carta ou por uma fita de áudio de boa qualidade. No entanto, apesar disso, pode não haver vaga naquele momento. Ainda assim, você deve manter seu interesse se quiser causar boa impressão.

O seu instrumental mercadológico deve consistir de um caprichado e bem apresentado *curriculum vitae*, com uma carta de apresentação (enviada para o editor de jornalismo com o nome dele escrito corretamente!) e uma fita de demonstração. Essa fita deve ser de boa qualidade, contendo a leitura de um breve noticiário, além de outros exemplos do seu trabalho, como uma entrevista interessante ou uma reportagem bem-feita. Ela não pode ter, ao todo, mais de cinco minutos, sendo melhor ficar em torno dos três minutos.

Envie esse material, de início, para um ou dois editores de jornalismo, e se você não for bem-sucedido logo no primeiro contato, persista. Depois de uma semana ou dez dias, se não houver resposta, envie um bilhete com seu telefone para um eventual contato.

Se você estiver procurando um trabalho *free lance* certifique-se de que os editores de jornalismo tomem conhecimento de sua capacidade de trabalho e ouçam referências a ela com freqüência. O objetivo é colocar seu nome na lista de jornalistas que os editores costumam guardar e que podem ser chamados quando há necessidade. Lembre-se de que com uma rede ampla de contatos, um trabalho acaba trazendo outros.

De qualquer forma, a persistência é uma característica positiva do jornalista. Procurar pessoas para que elas avaliem seu trabalho, dêem opiniões e sugestões, isso também ajuda muito.

Capítulo 3

A APURAÇÃO DAS NOTÍCIAS

A ESTRUTURA DA REDAÇÃO

As redações variam de tamanho de acordo com as dimensões de cada rádio local. Contudo, há uma estrutura de quadro de pessoal comum a várias delas e que dá conta dos principais trabalhos.

Chefe de redação ou editor de jornalismo

É o jornalista mais experiente da redação. Ele está diretamente subordinado ao diretor de programação nas rádios comerciais ou ao diretor da

Ilustração 3.1a — A redação das emissoras comerciais Essex FM e The Breeze em Southend-on-Sea. Repare que o editor de esportes Roger Bruxton (à esquerda) ainda usa uma máquina de escrever manual!

emissora na BBC e é o responsável pelo conteúdo editorial dos noticiários e pela organização da redação. Em algumas emissoras, o chefe de redação participa também dos programas jornalísticos, fazendo reportagens e apresentando programas. Em outras, ele trata mais da política e da administração.

Ilustração 3.1b — A atarefada redação da BBC Essex em Chelmsford. *Cortesia Essex FM/BBC Essex*

As tarefas editoriais incluem:

- auxiliar nas decisões a respeito da freqüência e da duração dos boletins de notícias;
- fixar a linha editorial e a política do jornalismo;
- responsabilizar-se pelo estilo e pelo conteúdo do noticiário transmitido;
- decidir a proporção de notícias locais e nacionais;
- estar atento para que o noticiário seja preciso e não crie problemas legais;
- decidir que fatos deverão ser cobertos e quem fará isso;
- atender às queixas e reclamações do público.

As tarefas gerenciais incluem:

- recrutar e motivar o pessoal;

- fazer as escalas de serviço;
- preparar o orçamento e trabalhar dentro dele;
- contratar *free lances*;
- acertar pagamentos com as agências de notícias;
- fazer relações públicas;
- treinar estagiários e jornalistas iniciantes.

Editor de boletins

É o responsável pela produção dos boletins transmitidos de hora em hora. Normalmente, ele mesmo lê os boletins e opera a mesa de som. Outras tarefas incluem:

- receber informações;
- verificar os serviços de emergência — "dando os telefonemas";
- verificar o texto e os áudios de acordo com o estilo e a política editorial;
- verificar repetidamente a exatidão, imparcialidade e correção legal das matérias;
- procurar os desdobramentos e os ângulos diferentes das matérias;
- ter controle sobre o equilíbrio das matérias;
- reescrever e atualizar as matérias com dados recentes;
- distribuir os repórteres por matérias.

Subeditores ou editores-assistentes

Atuam como editores de boletins quando isso é necessário, mas sua atividade principal é a busca e a edição de informações, a partir de entrevistas, para compor os boletins. A principal diferença entre os subeditores e os repórteres, cujo trabalho está descrito a seguir, é que os primeiros são mais freqüentemente chamados a tomar decisões, elaborando pautas e buscando ângulos novos que possam atualizar o trabalho da reportagem. No entanto, em muitas redações essa diferença está desaparecendo.

Repórteres

Os repórteres são os bombeiros da redação, perseguindo notícias, fazendo entrevistas e informando do local dos acontecimentos. Suas principais tarefas são buscar informações para suas próprias reportagens sonoras ou para textos a serem lidos no estúdio. As qualificações para esse trabalho incluem o conhecimento dos elementos que constituem uma boa notícia, precisão nas informações, persistência, rapidez e uma "identificação com o rádio", ou seja, saber qual é a melhor forma de dar uma notícia através das ondas sonoras.

Redação com apenas um jornalista

As pequenas estações trabalham com um ou dois jornalistas que executam todas as tarefas. É dessa forma que operam muitas estações de rádio norte-americanas e é esse o caminho que estão seguindo algumas das emissoras comerciais britânicas de baixo custo. O principal atributo necessário, nesse caso, é ter um claro senso de prioridades e fazer o máximo possível dentro do tempo disponível. A montagem e o funcionamento de uma pequena redação está descrita em detalhes adiante.

Jornalistas de rádio e televisão

Em alguns centros de produção da BBC, em especial nas cidades maiores, os jornalistas trabalham tanto para a rádio local como para a televisão regional. As notícias que eles produzem são registradas num sistema central de computadores que pode ser acessado tanto pela redação da rádio quanto pela televisão. Em algumas emissoras, os jornalistas de televisão que cobrem acontecimentos na rua fazem boletins separados para o rádio. Os ganhos da BBC com isso são elevados e se sustentam na capacidade dos jornalistas de trabalhar nos dois veículos. Para isso, ela oferece cursos especializados de treinamento.

AS FONTES DE NOTÍCIAS NACIONAIS

Uma estação de rádio local não será convincente se transmitir apenas notícias locais. Além disso, os jornalistas devem reconhecer que existe um amplo mundo além do seu "quintal". As notícias nacionais e internacionais que chegam para a rádio local são fornecidas por várias organizações especializadas.

Durante o dia, muitas estações locais combinam noticiário nacional e internacional, com notícias locais produzidas pela redação. À noite e fora dos principais horários jornalísticos, as emissoras costumam transmitir boletins informativos fornecidos por agências especializadas (ver "Boletins ao vivo", p.35).

As agências de notícias para a rádio, assim como as que trabalham para os jornais, fornecem informações nacionais e internacionais 24 horas por dia. Como o rádio trabalha com sons, ela fornece não só textos lidos, mas entrevistas e reportagens sonoras. Há a necessidade técnica de as emissoras locais estarem conectadas com as agências por meio de satélites ou linhas terrestres de transmissão. Elas enviam os textos diretamente, tanto para as máquinas de teletipo como para os sistemas de computadores das redações. As sonoras são transmitidas por canais separados e gravados tanto em fitas como em discos rígidos dos computadores.

BBC's General News Service (GNS). É um serviço que fornece material para as estações locais da BBC por meio de linhas terrestres de transmissão. Ele é transmitido da Broadcasting House, em Londres, com exclusividade para as emissoras da BBC.

Independent Radio News (IRN). A IRN foi constituída em 1973 com a abertura das rádios comerciais no Reino Unido. Seu material é distribuído para as rádios comerciais pelo satélite SMS. Ele oferece um abrangente serviço de boletins de notícias, em forma de *kits*, para serem adaptados à programação das rádios locais, bem como boletins ao vivo 24 horas por dia. As estações locais não pagam diretamente por esses serviços; a IRN é mantida pelo sistema Newslink, no qual anúncios comerciais de veiculação nacional são transmitidos pelas emissoras locais logo após os noticiários matutinos. É isso que paga os custos da IRN que, por sua vez, repassa parte do seu lucro para as emissoras locais num valor proporcional ao tamanho da audiência atingida. A IRN contrata serviços noticiosos da agência de notícias para televisão ITN e as duas mantêm suas centrais de operação no mesmo edifício, em Londres (Ilustração 3.2).

Ilustração 3.2 — A redação da Independent Radio News (IRN) em Gray's Inn Road, Londres. *Cortesia John Perkins*

Metro Networks. É uma agência especializada no fornecimento de informações sobre trânsito e viagens para emissoras locais. Mais recentemente começou a produzir também notícias nacionais e internacionais. Seus boletins são feitos ao vivo. Em 1996 seu único cliente do noticiário geral era a Radio Virgin, a emissora nacional especializada em *rock*. Mas há planos para ampliar o número de clientes desse serviço. Nos Estados Unidos, onde a Metro Networks começou, seu principal trabalho é fornecer notícias nacionais, boletins meteorológicos, informações sobre compras e viagens para emissoras locais.

A Network News e a Reuters encerraram seus serviços informativos para emissoras locais no início de 1996.

Os sistemas de recepção de informações

As emissoras locais recebem um fluxo contínuo de informações nacionais e internacionais tanto no teletipo ou, quando as redações são digitalizadas, em forma de menu nas telas dos computadores. Muitos sistemas computadorizados permitem que, ao chegarem à redação, as notícias já sejam classificadas em determinadas "retrancas" elaboradas pelos editores. Isso permite uma procura mais rápida das informações que possam vir a ser transmitidas. As gravações são enviadas regularmente pelas agências a cada hora. A IRN, por exemplo, manda suas notícias aos vinte minutos de cada hora. É claro que uma notícia de última hora pode ser enviada fora desses horários, e muitos editores de boletim já estão acostumados a receber notícias alguns minutos antes de a transmissão ir para o ar.

Em redações com equipamento analógico, as sonoras recebidas costumam ser armazenadas num gravador acoplado a um dispositivo eletrônico que liga o aparelho antes de cada trecho de gravação e o desliga após a transmissão. O áudio, uma vez gravado, pode ser copiado num cartucho para a transmissão. É possível gravar o áudio no cartucho diretamente da transmissão da agência, mas o gravador deve permanecer ligado, com a fita correndo, para receber uma segunda versão da matéria, caso a primeira tenha chegado com algum problema (ver Ilustração 3.3, p.36).

As emissoras da BBC têm um outro sistema automático de reserva: um sinal é gravado antes de cada trecho do áudio que não só "solta" a gravação — como também roda o cartucho, caso a sonora tenha sido inserida nele.

Nas redações digitalizadas, o áudio é "captado" automaticamente por um aparelho muito sensível e armazenado no disco rígido do computador. Sua identificação aparece no menu das telas dos computadores e fica à disposição para ser editado, arquivado, transferido ou colocado no ar.

Ilustração 3.3 — A jornalista Annabel Fisher ouvindo um áudio da IRN gravado em fita na rádio Essex FM.

Outras informações

As agências enviam ainda outros dados, além dos textos de abertura das matérias sonoras, as "cabeças". Elas mandam também, rotineiramente, notícias em forma de texto, com um resumo das manchetes do momento e do noticiário financeiro e, às vezes, dão um panorama das condições do tempo. Há também um grande número de mensagens de serviço: os computadores são usados como um meio de trocar correspondência entre as emissoras integrantes da rede e de transmitir qualquer tipo de informação, incluindo previsões de pautas e listas atualizadas das programações musicais.

O editor dos boletins tem como parte de seu trabalho acessar todas essas informações, usá-las, passá-las para outras pessoas ou simplesmente jogá-las fora.

Boletins ao vivo

A IRN fornece dois ou três minutos de boletins a cada hora, 24 horas por dia, lidos de Londres, que podem ser captados ao vivo pelas estações locais. Algumas emissoras comerciais usam esses informativos e "colam" no final as suas notícias locais. Outras compilam seus próprios boletins durante o dia, "mixando" notícias locais com o material enviado pela IRN. A BBC não possui serviço semelhante.

O som da televisão

Algumas rádios comerciais estabelecem acordos com as emissoras locais de televisão para usar o áudio da televisão nos boletins radiofônicos. Isso permite que elas tenham matérias jornalísticas sobre acontecimentos importantes, sem ter de enviar seus próprios repórteres ao local dos acontecimentos. Normalmente, a gravação do áudio é feita fora do ar, isto é, ele é gravado diretamente na redação da televisão. A rádio deve dar o crédito da matéria à emissora de televisão, se isso constar do acordo firmado entre elas.

FONTES DE NOTÍCIAS LOCAIS

As notícias chegam das mais variadas fontes:

- serviços de emergência;
- *press releases*;
- serviços de utilidade pública;
- políticos e Prefeituras;
- ouvintes;
- funcionários de outros setores da emissora;
- grupos de pressão da sociedade;
- jornalistas e agências *free lances*;
- concorrentes.

Quando você recebe uma informação, é preciso responder imediatamente a duas perguntas: a primeira é se a informação é confiável, e a segunda é se ela tem valor jornalístico. Se as duas respostas forem afirmativas, você tem uma notícia.

Se a resposta à primeira questão for "não", então é necessário realizar uma apuração mais cuidadosa do fato. Por exemplo, um ouvinte informa que ocorreu um grave acidente rodoviário. Você precisa entrar em contato com a polícia antes de transmitir qualquer coisa.

Se a resposta à segunda pergunta for negativa é o fim da matéria. (Mas, ainda assim, lembre-se de que ela ainda pode estabelecer uma ligação com uma outra notícia e, por isso, ser aproveitada. Em casos de dúvida não se acanhe em ouvir as opiniões dos seus colegas a respeito das suas decisões.)

Serviços de emergência

A polícia, os bombeiros e os serviços de ambulância têm um relacionamento especial com a mídia: um precisa do outro. As informações dessas fontes são quase sempre os elementos básicos de notícias importantes transmitidas pelas rádios locais. Como utilidade pública, no dia-a-dia do seu trabalho, os serviços de emergência têm várias responsabilidades. Eles freqüentemente precisam usar a mídia para enviar mensagens de prevenção ao crime ou para garantir a segurança em determinadas regiões, assim como pedir a presença de testemunhas de ocorrências policiais.

Um contato telefônico regular deve ser mantido com todos eles. Alguns, atualmente, já possuem serviços gravados fornecidos por um número de telefone especial em que estão descritos os últimos acontecimentos, com informações sempre atualizadas. Algumas vezes, o serviço de emergência poderá ligar para a redação para dar "dicas" sobre fatos que possam virar notícia.

É importante falar sempre com o assessor de imprensa de cada serviço de emergência e manter um relacionamento contínuo com ele. Se você tiver qualquer tipo de desentendimento (talvez uma notícia transmitida antes para uma emissora concorrente), faça todo o empenho para recuperar as boas relações o mais rápido possível.

Assessores de imprensa nem sempre são as únicas fontes de novas notícias. Por exemplo, uma boa redação local não deve apenas levar em conta as declarações do assessor de imprensa ou ouvir as gravações dos bancos de dados dos serviços de emergência, mas também falar diretamente com as pessoas que participam das operações no local dos acontecimentos e buscar com insistência casos excêntricos ou curiosos que tenham acontecido (ver Ilustração 3.4 p.39).

Ilustração 3.4 — Um típico centro de controle policial no edifício-sede da polícia de Kent, em Maidstone. *Cortesia: Polícia de Kent*

Uma palavra de alerta: a polícia nem sempre leva em conta as leis que punem o desacato e a difamação em suas notícias. Trate todas as informações que vêm da polícia com cuidado e tome precauções semelhantes às que você deve tomar com qualquer fonte.

Press releases

Os *press releases* são uma fonte excelente de informações básicas, mas precisam ser tratados com cuidado. Eles são distribuídos por pessoas que querem divulgar um fato com a sua própria linguagem. Na realidade, o que eles querem colocar na mídia, muitas vezes, não chega a ser uma notícia, como lojas informando a data do início das liquidações de inverno. Mas podem, às vezes, ser uma notícia parcial. Por exemplo, quando querem divulgar a festa de um partido político.

Em muitos casos, você deve entrar em contato com o autor do *release* para verificar a veracidade das informações, obter mais dados ou marcar uma entrevista (Ilustração 3.5).

NOTÍCIAS DO GRUPO BUCKSHEE
Para imediata divulgação   31 de agosto de 1996

Buckshee Technologies Ltd., membro da Buckshee International plc., está transferindo a produção de componentes hidráulicos de sua fábrica em Newtown para sua matriz em Highworth. Essa decisão foi tomada para melhorar a produção da companhia tendo em vista mudanças mais gerais visando obter uma redução dos custos operacionais.

A unidade de Newtown será fechada, e os 315 empregados serão demitidos. A companhia lamenta muito a redução de seu pessoal e irá ajudá-los na obtenção de outros empregos, dando ainda apoio financeiro para aqueles que buscarem trabalhos alternativos.

Nota para os editores: A Buckshee Technologies Ltd., abrange um grupo de companhias que fornece sistemas de serviços de controle e componentes para a indústria aeroespacial e bélica.

Qualquer dúvida contate James Edwards, chefe de comunicações, telefone: 01702333711.

Ilustração 3.5 — Exemplo de um *press release* de uma empresa informando sobre corte de pessoal.

Em geral, a atenção dada pelas empresas aos jornalistas é boa, principalmente quando ela é feita por um profissional de relações públicas. Existem bons relações públicas que merecem o que ganham e facilitam a cobertura de um acontecimento envolvendo a empresa em que trabalham. Há também companhias que jogam dinheiro fora mantendo profissionais incompetentes. Desconfie de "RPs" que mandam *press releases* com fotografias (pense nisso!); referem-se no texto aos "nossos leitores", omitem datas e números de telefone.

Quando você faz contatos com as empresas, talvez a resposta mais idiota seja: "Por que você quer falar com essa pessoa? Está tudo no *release*...", mas há outro tipo de resposta que inclui frases do tipo: "Poderemos dispor de alguém para falar com você sobre esse assunto no final da próxima semana" ou "Você na verdade não gostaria de gravar isso, gostaria?".

Quando o *release* vem de uma fonte "amadora", ele pode estar mais sujeito a erros. As pessoas que fazem parte de grupos de pressão da sociedade, de organizações religiosas ou de caridade geralmente não dominam as técnicas jornalísticas.

Utilidade pública

As companhias de energia, gás, água e telecomunicações são boas fontes de notícias. Mas trate seus *press releases* com cuidado, porque muitas vezes eles são tendenciosos, apresentando apenas os fatos mais positivos dos acontecimentos.

Mantenha também um contato permanente com os assessores de imprensa dessas companhias, da mesma forma como deve ser feito com os serviços de emergência. Tenha certeza de que você tem os nomes e os telefones dos gerentes locais, principalmente se o centro de assessoria de imprensa funcionar em local distante da sua emissora. Faça-os saber que você gostaria de ser convidado para conhecer centrais telefônicas, serviços de esgoto ou estações de trem. Isso requer um certo tempo, mas pode trazer recompensas jornalísticas — mesmo que para isso você tenha de agüentar um almoço!

Políticos e Prefeituras

O deputado ou deputada eleito(a) pela região será uma constante fonte de opiniões e comentários. Fique em contato com ele ou ela, mas lembre-se da existência de uma grande máquina partidária existente por trás deles. Os deputados e deputadas costumam distribuir inúmeros *press releases* e estão sempre disponíveis para uma entrevista. Nelas, são hábeis em contornar questões mais difíceis, mostrando desembaraço no trato com a mídia.

Os políticos locais são ligeiramente diferentes porque a experiência deles varia muito. Alguns podem ser mais atuantes do que outros. Mas despreze-os quando você precisar de opiniões isentas sobre um fato controverso. Tenha também em mente que os vereadores são eleitos e que os funcionários da Câmara são assalariados. Estes, muitas vezes, como assessores, influenciam nas decisões dos parlamentares. Ambos podem ser úteis.

Fontes importantes de notícias locais são a ordem do dia e as atividades rotineiras das Prefeituras, as agendas das autoridades de saúde e de outros órgãos públicos que normalmente chegam às redações. Elas são freqüentemente tediosas — mas leia com atenção e investigue-as, porque uma boa história pode esconder-se em buracos profundos. Às vezes as atas revelam decisões já tomadas e as agendas podem prever ações futuras. Lembre-se de que é comum o rádio informar os assuntos que serão votados pela Câmara com alguma antecedência. Mas se você fizer isso, é sua obrigação acompanhar o desenvolvimento daqueles assuntos e divulgá-los com a devida atualização no dia seguinte.

Ouvintes

Há pessoas que contam histórias tediosas ou se alongam e divagam relatando desavenças com superiores no trabalho ou com vizinhos barulhentos. Algumas vezes elas contam uma boa história — mas, se isso não ocorrer, ouça-as paciente e cordialmente. Mesmo sabendo que você está perdendo seu tempo ao ouvi-las, expresse sua simpatia e dê a elas o endereço do Escritório de Apoio aos Cidadãos mais próximo. Se, no entanto, você for atrás de uma dessas histórias, lembre-se não só de verificar todos os fatos cuidadosamente, mas também de que há sempre dois lados a serem ouvidos. Uma informação não confirmada não deve ser aceita sem reservas.

As informações fornecidas por ouvintes podem ser importantes pontos de partida para a cobertura de determinado acontecimento. Por exemplo, um ouvinte que telefona informando sobre a ocorrência de um grande incêndio pode vir a ser uma importante testemunha do que ocorreu. Muitas rádios estimulam seus ouvintes a telefonar dando informações. Contudo, cuidado com os trotes. Busque sempre uma confirmação oficial antes de pôr uma notícia no ar. São muito raras as situações em que você pode dar a informação sem confirmá-la antes.

Funcionários de outros setores da emissora

É normal que todos os funcionários de uma emissora de rádio colaborem com a produção de notícias. Os corretores de publicidade estão na rua durante o dia todo. Assim, encorage-os a informar qualquer coisa inusitada de que tenham conhecimento. Com freqüência, eles são os primeiros a ouvir comentários sobre empresas fechando ou se expandindo. Outros funcionários que ocupem posições subalternas à do diretor da emissora ou do diretor administrativo, podem também se defrontar acidentalmente com algum fato que gere notícia. Dê a eles a certeza de que você terá sempre prazer em ouvi-los.

Grupos de pressão

Grupos de pressão querem simplesmente divulgar o seu próprio ponto de vista, sempre que isso for possível. Não os deixe caluniar ninguém e faça de tudo para equilibrar a notícia ouvindo todos os lados da questão.

Jornalistas *free lance* e agências

Um bom relacionamento com as agências locais de notícias e com os jornalistas *free lance* são essenciais para uma rádio local. Seria impossível para a maioria dessas emissoras cobrir os tribunais de Justiça sem o noticiário das agências independentes. Os radiojornalistas não têm tempo para passar o dia todo no tribunal e, muitas vezes, nem possuem os contatos necessários para saber quando e onde um acusado comparecerá à corte. As agências e os *free lances* podem, muitas vezes, descobrir histórias que não foram percebidas por você simplesmente porque eles têm melhores contatos ou porque podem despender mais tempo nesses casos. Contudo, não se sinta traído se uma agência local enviar uma notícia importante diretamente para os jornais nacionais. Lembre-se de que eles pagam centenas de vezes mais do que você pelo trabalho das agências.

Tome cuidado com agências que reescrevem notícias de jornais locais. Tenha também a mesma prudência com aquelas que reescrevem *press releases* — isso significa dinheiro fácil para elas, mas uma despesa inútil para você. Descubra por que você não recebeu determinado *release*; pode ser que o emissor não saiba da sua existência.

Concorrentes

Em algumas emissoras de rádio considera-se que não é importante ouvir as emissoras concorrentes. Isso pode ser um erro. Uma das tarefas do jornalista é saber o que as outras rádios — ou as emissoras de televisão e os jornais — estão fazendo. Use-as como fontes para dar início a uma cobertura, mas nunca pegue uma carona numa notícia sem primeiro verifcar se ela é verdadeira. Tente também achar um ângulo diferente para tornar a informação mais atual.

É fácil não ligar para os concorrentes e se apresentar como a melhor rádio. Lembre-se de que são muito poucas as pessoas que ouvem dois noticiários em emissoras diferentes ao mesmo tempo, e que é pequeno o ganho obtido numa luta hora a hora por notícias exclusivas. Muitas vezes, a emissora considerada de melhor qualidade conseguiu essa imagem graças a uma boa promoção no ar, usando durante muito tempo frases como "a primeira em notícias" ou "a número um do jornalismo".

Planejamento e desenvolvimento do trabalho

A redação é a porta de entrada de uma estação de rádio. *Press releases*, cartas, chamadas telefônicas, avisos, telex, fax, tudo chega às mesas da redação. É muito útil ter sistemas organizados para avaliar rapidamente o que é importante para que esse material possa ser utilizado de imediato e ou guardado para ser usado no futuro.

A agenda

O coração de uma redação é a agenda. Todas as informações sobre eventos fornecidas antecipadamente são anotadas na agenda, na data correspondente. Normalmente, os diários são blocos do tamanho A4, de capa dura, mas algumas redações agora têm diários "eletrônicos" integrantes do seu sistema informatizado, com os dados mostrados na tela.

É importante que qualquer pessoa da redação coloque a informação na agenda, assim que ela chega. Um *release* sobre as atividades da Câmara, por exemplo, ou um fax comunicando um futuro evento, devem ser arquivados numa pasta do tipo "sanfona", na divisão marcada com o dia do mês em que ocorrerá o fato. É trabalho do repórter, ao final do dia, olhar o diário e a pasta e organizar uma lista de eventos que acontecerão no dia seguinte. Pela manhã, é trabalho do editor de plantão selecionar os fatos que devem ser cobertos e as fontes que devem ser procuradas. Além disso, um arquivo de textos bem organizado, com matérias já transmitidas e *releases*, ajuda a criar novas pautas, principalmente em dias fracos de notícias, quando pouca coisa acontece.

É importante, também, que a redação seja bem organizada para controlar esse fluxo de informações e tenha um lugar apropriado para arquivar todos os papéis importantes que chegam. Esse lugar deve ser verificado e arrumado regularmente para que não transborde.

A cobertura dos acontecimentos

Com as informações retiradas da agenda na mão, é preciso tomar decisões sobre o que deve ser coberto. Em algumas redações existem repórteres da emissora ou *free lances* prontos para ser acionados. Normalmente, a reunião de pauta é que decide quem faz o que, qual o enfoque de cada matéria e quais o prazos de entrega (ver Ilustração 3.6, p.45). Em pequenas redações, pode se decidir simplesmente qual o valor de uma notícia com um telefonema dado pelo repórter de plantão.

O editor de plantão (que pode ser o chefe da redação, o editor de notícias ou o editor-assistente) deve estar sempre preparado para o inesperado quando planeja suas coberturas. Repórteres podem ser escalados para cobrir a inauguração de uma nova ala de um hospital, uma visita real, uma entrevista coletiva na Câmara ou uma manifestação pública, mas é importante deixar alguma liberdade de ação para que eventos importantes e imprevistos possam ser cobertos, tais como uma explosão ou acidente de trem. Os repórteres de rua devem ter consigo um *bip*, um telefone celular, ou, pelo menos, manter contatos telefônicos regulares com a redação.

Lembre-se, contudo, de que o jornalista não pode simplesmente reagir aos acontecimentos e esperar que as notícias aconteçam; é importante ter iniciativa própria e ir atrás delas, buscando-as por meio de contatos pessoais estabelecidos em trabalhos anteriores.

3.6 — A reunião matinal da Essex FM decidindo a pauta do dia.

Pautas e prazos

Alguns repórteres são escalados para coberturas específicas. Eles devem receber todas as informações importantes sobre o assunto que vai ser coberto, a partir dos dados contidos na agenda da redação. Esse é o trabalho do editor de plantão que deve informar aos repórteres quais os ângulos que devem ser enfocados pela matéria e como ela deve ser desenvolvida. Ângulos são as diferentes formas de dar uma informação a partir de pontos de vista distintos. É importante, também, que o(a) repórter tenha um prazo de fechamento, assim cada um saberá exatamente o que é esperado, para quando, e de que forma. Não existe lugar nem tempo para confusões na redação.

Agenda de fontes

Uma redação precisa de um sistema ágil para encontrar rapidamente nomes e telefones de qualquer fonte. O melhor caminho para organizar isso é criar uma agenda em ordem alfabética com o nome, o endereço e o telefone das fontes de informação. As redações informatizadas normalmente têm essas informações armazenadas num banco de dados que dá acesso a toda a redação nas telas dos computadores.

Um bom hábito é anotar nessa agenda todo número de telefone usado por qualquer jornalista. Dessa forma, uma lista útil e abrangente de fontes fica disponível rapidamente. É importante que as fontes sejam listadas de forma clara, para que todos na redação compreendam o sistema e que cada um saiba o que precisa fazer para achar ou anotar um número na agenda. Por exemplo, todos os telefones da polícia — incluindo aqueles da assessoria de imprensa — devem ser listados sob o título "polícia", e não sob os departamentos específicos.

Muitas redações foram bem-sucedidas ou fracassaram por causa da qualidade de sua agenda de fontes. Além disso, os jornalistas devem criar a própria agenda de contatos pessoais que estejam ajudando o seu trabalho e que possam vir a ser fontes para futuras notícias. Uma boa idéia, para aqueles dias mortos em que é difícil achar uma boa notícia, é telefonar para essas pessoas apenas para manter contato. Você muitas vezes ficará surpreso quando, de uma simples conversa informal, surgir uma boa história jornalística.

Resistência a pressões

As emissoras de rádio estão sujeitas a inúmeras pressões externas.

Partidos políticos geralmente pressionam as redações para dar determinada notícia a partir de sua própria visão ou acusam os jornalistas de deturpar as informações. Por exemplo, os membros do Partido Trabalhista acusam as redações de apresentarem desvios em favor dos conservadores; o Partido Conservador, por sua vez, faz a mesma acusação em relação aos trabalhistas. Se um pronunciamento de um representante de determinado partido é transmitido com destaque em um noticiário, no minuto seguinte uma voz no telefone de reclamações acusa a emissora de estar sendo parcial. Isso porque, segundo o ouvinte, não foi dado o mesmo destaque para a entrevista de um membro de outro partido transmitida um pouco antes. O reclamante não se preocupou em levar em conta a importância jornalística dos pronunciamentos.

Interesses comerciais aparecem por intermédio de empresas de relações públicas que tentam conseguir anúncios gratuitos enviando mensagens com a aparência de notícias. Normalmente, como essas tentativas não são muito sutis, é fácil detectá-las. Contudo, você nunca deve baixar sua guarda.

Ouvintes com interesses pessoais são outra fonte de pressão. Estão sempre reclamando que damos muito ou pouco de uma ou outra informação.

Pessoas que querem silêncio sobre algum fato são outra fonte comum de pressão. Normalmente isso ocorre mais com casos judiciais; o argumento constante é que a transmissão de determinada notícia pode causar sofrimento, mal-estar ou inquietação entre os parentes da pessoa acusada, particularmente se ele ou ela estiver ocupando uma posição de destaque na comunidade.

Em todos esses casos, você deve ter como limite o seu senso de responsabilidade, justiça e independência. Você não deve ceder a pressões.

TRATAMENTO DAS INFORMAÇÕES

Textos

A forma mais rápida de dar uma informação no rádio é por meio da leitura de um texto — sem gravações ou qualquer outro recurso sonoro. Textos de uma ou duas frases são normalmente usados como manchete; eles podem também ser um bom meio de dar ritmo e consistência ao boletim, com muitas notícias sendo transmitidas em seqüência e rapidamente. Se uma notícia chegou numa gravação e você está com dificuldades em reduzi-la, dê a informação em texto. Entretanto, um boletim feito só de texto é monótono — ele não se compara a um conjunto de boas sonoras.

Entrevistas

O modo clássico de cobrir um fato jornalístico para o rádio é fazendo entrevistas. Quem deve falar, exatamente, depende de você. Você poderá decidir, por exemplo, colocar no ar uma denúncia do Partido Trabalhista na introdução de uma notícia política e ter uma gravação de um representante do Partido Conservador negando-a, ou vice-versa.

Entradas do repórter

Boletins com entradas de repórteres, ao vivo ou gravadas, são outra forma de edição. São menos eficazes do que uma entrevista, mas algumas vezes são o único modo de enriquecer um texto; na maioria das vezes, são usados quando há muitos detalhes de uma mesma notícia que precisam ser informados aos ouvintes. Em reportagens nos tribunais, essa é a técnica habitual. Só raramente é feito esse tipo de gravação nesses locais — e nunca durante um julgamento, porque qualquer comentário do repórter pode facilmente tornar-se um desacato à corte. Esse tipo de boletim, com entrada do repórter, também pode ser usado quando um acontecimento importante está em andamento. É uma forma de dar as informações básicas da notícia enquanto uma matéria mais detalhada está sendo produzida. O tempo máximo de duração de entrada de um repórter, num boletim, varia de emissora para emissora; geralmente os da BBC duram de 35 a 40 segundos e os das rádios comerciais, de 25 a 30 segundos, no máximo.

Som ambiente

Pequenos trechos de gravações são chamados de *cuts* nas rádios comerciais e de *clips* na BBC, mas são a mesma coisa. Mais recentemente, passaram a ser chamados de *soundbites*. Eles podem ser parte de uma entrevista ou de um trecho tirado de uma gravação feita no local do acontecimento — por exemplo, as frases gritadas por um grupo de manifestantes numa passeata ou a voz de um policial falando num megafone. Bons *cuts* são indicados para abrir ou fechar uma notícia, mas não devem ser usados para isso se, para a sua compreensão, tiverem de ser muito longos. Novamente, a duração aceitável das gravações é ligeiramente maior na BBC — em torno de quarenta segundos. Nas rádios comerciais, eles não passam de trinta segundos, tendo geralmente menos tempo do que isso. Algumas rádios especializadas em música popular transmitem *cuts* de, no máximo, dez segundos para manter o ritmo do boletim.

Matérias

Mais uma vez a BBC e a RI usam palavras diferentes para o mesmo tipo de edição de notícias. *Wraps* para a RI e *packages* para a BBC são trechos de gravações, de entrevistas ou de discursos feitos no local dos acontecimentos, acompanhados da narração do repórter formando uma matéria. Elas devem ser curtas: um pequeno trecho de dez segundos inserido em vinte segundos da locução do repórter, totalizando trinta segundos. Por outro lado, essa montagem pode durar três minutos ou mais, se usada num programa mais longo de notícias. Esse tipo de matéria pode ser um excelente modo de colocar no ar os dois lados de uma questão. Por exemplo:

REPÓRTER: Pais enfurecidos fizeram manifestação esta manhã, diante da Prefeitura, reclamando do aumento dos preços das refeições escolares. Para eles, esse aumento obrigará as crianças a comer batatinhas fritas em saquinhos, que não alimentam, ou passar fome. Eileen Duncan... que tem três filhos na escola St James Middle, em Newtown... diz que só pode gastar dez libras por semana com o almoço das crianças...

GRAVAÇÃO: Duncan fala 22 segundos.
Deixa: ...é absolutamente vergonhoso.

REPÓRTER: Mas os vereadores da comissão de educação estão defendendo o aumento de preços. Ravi Singh, do Partido Conservador, diz que as refeições estão sendo subsidiadas em 72 *pence* por dia...

GRAVAÇÃO: Elliot fala 25 segundos.
Deixa: ...veja as razões

...e assim por diante. A combinação das informações do repórter, falando do local do acontecimento, com as opiniões das pessoas envolvidas, dão mais vida à notícia. E ela ainda poderia ser melhor se fossem colocados trechos das palavras de ordem gritadas pelos manifestantes no início da sonora.

Manual de redação

Você deve ter notado que os nomes dados às formas de editar e a sua duração variam entre a BBC e as emissoras comerciais. Há também outras pequenas variações que dependem dos editores locais e do formato da programação da emissora, bem como das formas que ela utiliza para atingir sua audiência. Quase toda a emissora acaba criando um estilo próprio. Por essa razão, um manual de redação é sempre muito útil. Ele pode fixar as regras básicas de duração das notícias e das gravações, o formato das "cabeças", a identificação dos cartuchos e muitos outros detalhes que todo mundo na equipe de jornalismo seguirá instintivamente depois de certo tempo. O manual de redação é um excelente ponto de referência, se existir alguma dúvida durante o trabalho, e torna mais fácil a vida dos novos radiojornalistas e de eventuais *free lances*.

Capítulo 4

TÉCNICAS DE REDAÇÃO

O objetivo do rádio é comunicar. Se não conseguirmos fazer isso, não conseguiremos fazer radiojornalismo. É necessário ser inteligível — *imediatamente* inteligível. Uma frase mal construída, uma expressão ambígua, uma sentença complicada ou uma descrição de fatos sem uma seqüência lógica podem ser fatais para um noticiário no rádio. Não há lugar no radiojornalismo para complexidade, divagação ou obscuridade. É preciso saber o que se quer dizer — e isso deve ser dito de forma direta, simples e precisa.

Lembre-se de que a negligência é um pecado. Nenhuma notícia deve ser tratada como um fato rotineiro e o ouvinte deve ser conquistado pelo entusiasmo. Se você assumir uma atitude apática ou de pouco interesse, o resultado será uma notícia enfadonha. Não há razão para reduzir todas as notícias a um simples relato dos acontecimentos. Deve-se sempre buscar o detalhe que dá vida à história, tal como o comentário que revela uma personalidade ou uma frase que abrilhante a cena.

Qualquer notícia pode ser escrita de várias formas diferentes. Mas há algumas ferramentas e técnicas básicas que ajudam o jornalista — e o ouvinte.

O RELATO DA NOTÍCIA

Notícias bem escritas são a base de um bom jornalismo. Você pode ter uma grande história; no entanto, se perceber que não vai conseguir fazer seu ouvinte entendê-la, é melhor nem transmiti-la.

Ao escrever para o rádio você deve sentir que está *contando* uma história para alguém, e não fazendo um pronunciamento ministerial. Você não está transmitindo para as massas, mas simplesmente dizendo para uma pessoa o que está acontecendo.

Você precisa escrever de forma clara, enxuta, concisa, convincente e não empolada. Suas palavras não devem ser as mesmas usadas pelos jornais sensacionalistas, mas você também não precisa ter receio de usar uma linguagem informal, se ela for apropriada. Às vezes, uma boa história se escreve quase sozinha.

Lembre-se: você está redigindo para o ouvido e não para o olho. Deve, então, escrever como se fala, numa linguagem coloquial, com frases curtas e uma idéia em cada sentença. Sempre pergunte para si mesmo: "Esta é a melhor forma para dizer isso para mim mesmo?" ou "Os meus amigos falam dessa forma no bar?". Por exemplo, as pessoas dizem: "Está havendo um grande incêndio numa loja no centro da cidade" e não "Os bombeiros, usando máscaras contra gás, estão lutando contra um enorme incêndio numa loja de varejo".

Saiba o que você quer falar e se expresse como se estivesse conversando, mas não use gíria ou termos vulgares. Empenhe-se, com habilidade, para escrever de forma concisa textos vivos que traduzam histórias aparentemente complicadas ou confusas.

Antes de começar a escrever, partindo de suas anotações ou de um *press release*, pergunte a si próprio: "Essa notícia é sobre o que mesmo?", "O que desta notícia *realmente* interessará ao meu ouvinte?". Isso muitas vezes ajuda a entender melhor suas anotações ou o material que você recebeu de alguma fonte informativa. Deixe-os de lado e, depois, tente escrever a notícia sem fazer referência à fonte original, mas tendo verificado antes todas as informações recebidas.

Frases curtas

A primeira linha da notícia deve ser curta e forte. Ela precisa prender a atenção do ouvinte fazendo-o aumentar o volume do rádio. Ao mesmo tempo, deve prepará-lo para ouvir uma seqüência de informações que ele desconhece. Lembre-se de que o seu ouvinte pode estar desatento, pensando em outras coisas. Até mesmo em desligar o rádio naquele momento.

Não cometa o erro de tentar contar toda a história na primeira linha, ao estilo dos jornais. Isso não é trabalho de rádio. Ela deve ser simples, curta e direta. Conduza o ouvinte através da notícia, passo a passo, de pensamento a pensamento, encadeando os parágrafos. Tente escrever uma sentença curta, seguida por uma longa, para dar ritmo ao texto. Como orientação geral, quando você tiver uma sentença ocupando duas linhas da tela do computador, tente dividi-la em duas frases separadas.

Escreva apenas uma idéia em cada sentença e evite usar longas citações no meio delas. Sem esse cuidado, quando você acabar de ler a sentença o ouvinte já terá esquecido o começo.

Não inicie a primeira linha com as palavras mais importantes. As pessoas não escutam palavras isoladas no rádio, mas ouvem grupos de palavras ou frases. Tente também manter a notícia atualizada, reescrevendo a primeira linha de duas ou três formas diferentes a cada boletim.

Frases simples

A simplicidade é uma das principais características da informação no rádio. Tente economizar palavras ao escrever. Por exemplo: "Quinze pessoas estão hospitalizadas depois de um engavetamento na M-25" é melhor do que "Trinta carros, três caminhões e um ônibus colidiram entre as saídas sete e oito da pista de sentido horário da M-25, deixando mais de uma dezena de feridos".

Uma simplicidade quase infantil é a essência de um bom texto de rádio. Quando você conversa num bar ou durante o cafezinho, você normalmente está falando num estilo radiofônico. Por exemplo, "O Roberto foi para o hospital...", "O marido da Carolina saiu de casa outra vez..." ou "O filho do Ricardo criou outra confusão..."

Escreva de modo que o ouvinte compreenda facilmente. Por exemplo, "o IPTU em Blanktown deve subir outra vez..." é melhor do que "Em uma reunião na Secretaria de Finanças da Prefeitura de Blanktown, ontem à noite, foi apresentado um relatório mostrando que a previsão de gastos já está superada e que esses custos devem ser repassados para os contribuintes".

Se você tem muitas informações para transmitir para o seu ouvinte, tenha clareza do que e por que ele precisa dessas notícias. Por exemplo: "A Câmara do Comércio de Blanktown concordou em colaborar na redução dos custos do transporte público para o novo centro comercial em Highfield" significa "As passagens de ônibus para o centro comercial em Highfield ficarão mais baratas...".

Atualidade

A maior força do rádio é ser dinâmico. Portanto o uso do verbo no presente — dando a impressão de que alguma coisa está "acontecendo agora" — é muito apropriado, principalmente na primeira linha da notícia.

Procure escrever no presente do indicativo sempre que for possível. Por exemplo: "Médicos têm demonstrado surpresa com o tamanho da lista de espera do hospital" torna-se "Os médicos demonstram surpresa com o tamanho da lista de espera do hospital".

Se você não conseguir usar o presente, escreva na voz ativa em vez de na voz passiva. Por exemplo: "Paul Hope disparou um único tiro no policial" é melhor do que: "Um policial foi atingido por um único tiro disparado por Paul Hope".

Escreva sempre como se o fato estivesse acontecendo naquele momento. Por exemplo: "Uma mulher está no hospital depois de ter sido atropelada..." ou "Uma família está esperando notícias sobre o estado da vítima...". No entanto, tenha cuidado para não dar falsas informações só para manter a atualidade da notícia.

O mínimo de adjetivos

Vários jornalistas tentam ampliar suas notícias usando muitos adjetivos. Isso só cansa o ouvinte. Algumas vezes os adjetivos são necessários, mas freqüentemente são usados de modo exagerado. Certos macetes e algumas palavras fantasiosas podem mudar o rumo de uma notícia. Por exemplo: "Luta contra o rebaixamento para a segunda divisão tem choque crucial". O que é "crucial"? O time será rebaixado para uma divisão inferior se perder ou enfrentará apenas os problemas de se classificar em último lugar? O uso da palavra "crucial" não deixa a notícia mais clara. Ao usar um adjetivo certifique-se de que com ele está sendo acrescentada mais uma informação ao ouvinte.

Os fatos devem ser tratados com o máximo respeito. Por exemplo, se não sabemos que um incêndio "devorou" o prédio, então não devemos dizer isso.

É perfeitamente aceitável enfatizar alguns fatos numa notícia. Mas se alguma coisa não aconteceu de determinada maneira, você não pode inventá-la para abrilhantar a sua informação. É melhor ter uma notícia factualmente correta de duas linhas do que dois deslumbrantes parágrafos sensacionais e excitantes, mas incorretos.

LINGUAGEM E GRAMÁTICA

Existem algumas regras básicas criadas para valorizar a redação de notícias. A relação a seguir não pretende dar conta de todas. Alguns manuais de redação apresentam algumas delas como as mais importantes. Aqui está um pouco do que pode e do que não pode ser feito:

- use palavras *específicas* (como "vermelho" ou "verde") em vez de palavras genéricas (como "um colorido brilhante").
- use palavras *concretas* (como "chuva" ou "neblina") em vez de palavras abstratas (como "mau tempo").
- use palavras *simples* (como "começou", "disse" ou "fim") em vez de palavras menos coloquiais (como "principiou", "declarou" ou "encerramento").
- não tente sofisticar a informação com palavras *dramáticas* ou *emocionais* (como "espantoso", "chocante" ou "sensacional"). Se o que você está escrevendo é uma dessa coisas, diga-o sem usar o rótulo.
- não use palavras *desnecessárias* como "estão sendo esboçados planos", "novos acontecimentos surgirão mais tarde".
- não use *quantidades imprecisas* (como "muito", "bastante")
- não qualifique palavras absolutas. Alguma coisa não é bastante impossível; é impossível. Isto não é *notoriamente* óbvio ou *muito* essencial.
- não use a palavra "incidente" quando você estiver falando de assassinato, tiroteio, acidente ou explosão.
- não use a expressão "há pouco" quando ela não acrescenta informação, como na frase: "O prefeito voltou há pouco de Londres". Você quer dizer: "Há alguns segundos, minutos, horas, dias ou semanas?".

Reflita sobre a linguagem e as frases que você usa quando escreve uma notícia. Você precisa prestar atenção aos detalhes e pensar nos efeitos que podem causar as palavras usadas. Por exemplo: "Um homem morreu depois de um acidente"; ora, ele provavelmente não foi assassinado. Mas isso não fica muito claro no texto. Seria muita má sorte se ele sobrevivesse ao acidente, mas fosse assassinado duas horas depois. É preciso dizer que a causa da morte foi o acidente, sem deixar qualquer dúvida.

Preste muita atenção, também, aos seus erros gramaticais. Em português, por exemplo, quando o verbo haver é usado no sentido de existir, é impessoal e só é empregado na terceira pessoa do singular: "havia muitas evidências do crime" e não "haviam muitas evidências...".

DICAS DE REDAÇÃO

Quando você escreve para ser ouvido, o que você faz é simplesmente "armazenar" palavras no papel para depois dizê-las às pessoas, na linguagem oral. No entanto, como vimos, escrever para o rádio nem sempre segue as normas dos livros de gramática, porque muitas vezes é necessário escrever como se fala. Portanto, você precisa lançar mão de algumas dicas de redação que vão tornar seu texto o mais espontâneo possível.

Pontuação

Use a pontuação para ajudar a recriar na fala o que está escrito no papel. Pontos finais, é claro, são essenciais. Não use vírgulas ou travessões; use ponto em vez de reticências. Não tente ler citações no rádio, especialmente se forem longas. Isso confunde o ouvinte que pode perder a noção de quem está falando o quê. É o locutor ou é a pessoa citada? Quando as citações forem importantes, você deve transformar o seu conteúdo num texto que deixe claro quem é que falou e quem é que está lendo a notícia (ver p.75).

Jargões

Tenha cuidado com o uso de jargões. As fontes dos jargões são geralmente os órgãos oficiais e os serviços públicos. Por exemplo, os serviços de polícia e pronto-socorro usam termos como "fraturou o fêmur" quando nós dizemos "quebrou a perna".

Há vários outros jargões da polícia e do corpo de bombeiros com os quais é preciso ter cuidado, tais como:

Evadiu (fugiu)
Prestou assistência (socorreu)
Viatura (carro)
Requisitou (pediu)
Finalizou (terminou)
Elemento (indivíduo suspeito)

A Prefeitura também tem muitos jargões. Não deixe que eles entrem no seu texto. Por exemplo, uma nova construção que, de acordo com os documentos da Prefeitura, está sendo feita "em detrimento da qualidade da visão ambiental", na verdade está simplesmente "estragando a vista".

Bombeiros costumam usar máscaras contra gases, para proteger-se. Não há necessidade de dizer isso o tempo todo, embora essa menção possa aparecer sempre nas gravações dos serviços de atendimento à imprensa do corpo de bombeiros.

Em acidentes nas estradas tome cuidado para não atribuir culpa a alguém quando estiver descrevendo o que aconteceu. Por exemplo: "Um homem morreu depois que um carro atropelou sua moto na M25" fica "um homem morreu na colisão entre um carro e sua moto na M25".

A expressão "colisão entre" é um modo útil, embora desajeitado, de deixar claro que não se está culpando ninguém, mesmo que você esteja reproduzindo a descrição oficial do acidente. Lembre-se de que pedestres nunca entram "em colisão" com um carro. Para não parecer tolo, use a frase "envolvido num acidente com".

"Jornalistês"

Grande número de textos mal escritos para o rádio é herança dos jornais, principalmente das suas manchetes. Esse tipo de redação consiste do uso de palavras curtas que se encaixam no reduzido espaço da página destinado a elas. As seguintes expressões não devem fazer parte dos noticiários radiofônicos:

- muito freqüentemente nós "ofertamos", em vez de damos;
- nós "fazemos severas críticas", em vez de apenas criticamos;
- nós "inquirimos", em vez de perguntamos;
- algumas coisas parecem "mergulhar", em vez de cair;
- outras são "massivas", em vez de numerosas.

Cuidado com essas palavras. Você pode encontrá-las com muita freqüência em textos de *free lances* que vão trabalhar numa redação de rádio, mas que estão ansiosos para vender suas matérias para os jornais. Se isso acontecer, reescreva o texto. Ele vai soar bem melhor.

Clichês

Uma frase que hoje é um clichê, muitas vezes começou sua vida como um recurso útil de redação. Infelizmente, ela foi muito usada a ponto de não significar mais nada. Usar clichês é um jeito preguiçoso de escrever. Procure sempre certificar-se de que você não está usando clichês, mesmo quando estiver escrevendo sob forte pressão de tempo.

A seguir estão algumas palavras-clichês e frases que empobrecem a notícia porque são imprecisas, inapropriadas ou mal usadas. Nem sempre é possível evitar seu uso, mas tente e, com isso, seu texto ganhará em clareza e precisão (ver Ilustração 4.1, p.57).

a nível de	legião de amigos
calor sufocante	marco histórico
chuva torrencial	mau tempo reinante
clássica troca de presentes	momento crucial
colocar uma questão	numeroso público presente
cumprir extenso programa	passado de glória
deixa muito a desejar	pelo contrário
digna de louvor	perda irreparável
discussão acalorada	pivô da tragédia
entidades aqui representadas	precioso líquido
estrondosos aplausos	preencher uma lacuna
extrapolar	ruído ensurdecedor
falou à nossa reportagem	salvo milagrosamente
fonte bem informada	sagrou-se campeão
gentilmente cedido	tenra idade
grata satisfação	titular da pasta
gratificante	últimos retoques
ilustre visitante	via de regra
imprensa escrita, falada e televisada	vias de fato

Ilustração 4.1 — Uma seleção de clichês muito batidos, em português.*

Alguns adjetivos vêm à mente no momento em que um substantivo é mencionado, mas eles são tautológicos e quase não acrescentam nada para a compreensão do texto:

acontecimento memorável
sério perigo
crise aguda
êxodo em massa
assassinato brutal
fuga rápida
perseguição em alta velocidade

Americanismos

Existe uma série de técnicas que se pode aprender do rádio produzido nos Estados Unidos, mas o modo como os norte-americanos têm mudado a língua inglesa não é um deles!

---

* Adaptação feita pelo consultor técnico.

Tome cuidado com os mais extremos americanismos que aparecem regularmente em filmes e novelas. Palavras como "hospitalizado" são comuns na televisão, mas não são de uso corrente entre os ouvintes britânicos.

Também tente livrar-se da pronúncia norte-americana. Se não conseguirmos manter nossa linguagem correta, perderemos nossa credibilidade.

Nomes

Você pode optar por um estilo deliberadamente informal e coloquial. Portanto, não será necessário usar sempre "senhor" e "senhora" antes dos nomes próprios. Por exemplo, Tony Blair ou John Major é perfeitamente aceitável no início de uma notícia. Contudo os pronomes podem ser usados em referências posteriores às mesmas pessoas ao longo da informação, isto é, o senhor Blair ou o senhor Major.

O primeiro nome não é necessário para personalidades artísticas ou esportivas, como John Travolta, Michael Jackson, Iam Botham. Eles podem ser mencionados como Travolta, Jackson, Botham.

O primeiro nome também pode deixar de ser usado para criminosos como Peter Sutcliffe, Myra Hindley e Ronnie Biggs, contudo, você deve avaliar se o uso do primeiro nome depois, no decorrer da notícia, não se tornaria indevidamente respeitoso.

Use o primeiro nome em vez de iniciais. Se você não puder obter o primeiro nome, é melhor deixá-lo totalmente de fora, em vez de usar iniciais que soam de maneira muito esquisita no rádio.

Números

Os números, quando inseridos na notícia, podem se tornar uma armadilha, principalmente se forem muito grandes. Só use números quando isso for necessário. Em geral, o ouvinte não capta grandes quantidades.

Sempre escreva os números em destaque para facilitar sua leitura, combinando-os com palavras. Isso permite ver instantaneamente qual é a quantia e como ela deve ser dita:

400 000 torna-se 400 mil
4 600 torna-se 4 mil e 600
L$ 50 torna-se 50 libras
L$ 1,90 torna-se 1 libra e 90

Nunca use números complexos. Quando houver necessidade de usálos, arredonde-os para cima ou para baixo:

9,6 torna-se "perto de 10%"
L$ 4 898 785 torna-se "quase 5 milhões de libras"

Para evitar números, um recurso comum é fazermos comparações como "a montanha de lixo tem agora a altura de um ônibus de dois andares".

CUIDADO COM AS PALAVRAS

Vivemos em tempos delicados. Muitas das palavras e frases que empregávamos livremente não são mais permitidas numa conversação normal, muito menos num boletim de rádio.

Nunca use rótulos ofensivos. Apegue-se aos fatos. Se alguém é negro, então ele é negro, não uma pessoa de cor. Raça não é a única coisa que causa problemas. Sexo é outra. Algumas pessoas ficam aborrecidas se você rotula um grupo como totalmente masculino (ou totalmente feminino). Por exemplo:

Os bombeiros estão no local...
Os policiais estão avisando que...
A enfermeira padrão diz que não é bem paga.

Há algumas alternativas:

"Os bombeiros" tornam-se "o corpo de bombeiros"
"Os policiais" tornam-se "a polícia".
"O porta-voz" torna-se "a porta-voz".
O "presidente" pode ser "a presidente" quando for o caso.
As "freguesas" podem ser "a freguesia".

Contudo, não leve as coisas ao extremo, pois há situações em que, para resolver o problema, acabamos usando uma palavra que não faz parte da linguagem corrente.

Pode ser difícil descrever assuntos que envolvem questões sexuais. Obviamente, gíria ou palavrões usados em jornais sensacionalistas como "bicha" ou "viado" estão fora de cogitação, mas *gay* tem-se tornado um sinônimo aceitável para homossexual. Se alguém for homossexual, não procure suavizar com eufemismos. Ele não vai agradecê-lo, muito menos o ouvinte.

Pessoas com deficiências não devem ser tratadas com palavras como "aleijado". Uma pessoa que não tem uma perna é "deficiente" (melhor do que "perneta") e tem uma "deficiência".

Outra área que produz armadilhas é a política. É comum os políticos descreverem com detalhes suas fidelidades a princípios e partidos. Se eles dizem que são "conservadores independentes" você não deve encurtar para "conservador".

Tome cuidado também com as palavras "moderado", "radical" e "extremista". Elas podem ser úteis, mas não é sempre que podemos fazer essas identificações. "Extremista", por exemplo, pode ser um termo injurioso. Deixe as injúrias para os políticos — noticie isso com todos os seus significados, mas não os endosse, nem mesmo acidentalmente.

Verifique o significado e o impacto das palavras que você usa. O governo *é* tecnicamente "um regime". Mas a palavra agora é usada como uma ofensa e, por isso, é melhor evitá-la. Se tiver dúvidas, melhore-a. Toda redação deve ter um bom dicionário. Transforme-o em seu instrumento de trabalho.

CONTEXTUALIZANDO AS NOTÍCIAS

É importante que o ouvinte escute a notícia toda em seu contexto e que não seja induzido a erros. Lembre-se de que no rádio você só tem uma chance de dar uma notícia. Não é como no jornal, em que as notícias podem ser relidas. No rádio, o ouvinte não pode voltar atrás e escutar novamente o que você acabou de dizer.

A sua responsabilidade é diferente da que tem o redator de um jornal. No rádio é você quem seleciona exatamente quais são as informações que quer que o ouvinte escute. Nos jornais há várias notícias numa página, todas com diferentes estilos e tamanhos de títulos para atrair o leitor. É ele quem escolhe o que vai ler. No rádio o ouvinte recebe uma seqüência única de material informativo, sem aqueles apelos gráficos. A importância da notícia é determinada por sua posição no boletim, e existem certas regras que tornam mais lógica a redação, e, conseqüentemente, o entendimento pelo ouvinte.

Identificações

Nunca comece uma notícia com um depoimento ou com uma matéria que gere controvérsia sem a identificação do autor. Isso pode soar como uma opinião da emissora. Especialmente em assuntos polêmicos, tenha certeza de que o ouvinte conhece a fonte de opinião que está se expressando no começo da notícia.

Por exemplo: "Muitos administradores têm baixa escolaridade. Isso foi o que revelou uma nova pesquisa divulgada hoje" torna-se: "Uma nova pesquisa divulgada hoje afirma que muitos administradores têm baixa escolaridade". Cada sentença deve ser verdadeira por si só. Por exemplo, seria errado escrever "A distância entre ricos e pobres na Grã-Bretanha está crescendo. É o que diz o mais recente boletim do Partido Trabalhista". Você poderia escrever de outra forma: "O mais recente boletim do Partido Trabalhista diz que a distância entre ricos e pobres na Grã-Bretanha está crescendo".

Essa segunda forma é mais natural e dá ao ouvinte a idéia da autoridade que está por trás do depoimento. Por exemplo, ninguém fala assim: "O preço do café aumentou novamente de acordo com o que informou o dono do supermercado". Em vez disso, você fala normalmente: "O dono do supermercado disse que o preço do café está aumentando". Isso torna o texto de rádio mais coloquial.

Exageros

É muito fácil, em alguns momentos, cometer exageros ao introduzir a declaração de alguma pessoa. O momento mais perigoso é o da entrada de um repórter em um boletim curto quando ele pode, por exemplo, dizer: "O sr. Greenslade está desmentindo a acusação" quando, de fato, o que ele está querendo dizer é que não há evidências que sustentem a acusação. A frase correta, neste caso, seria: "O sr. Greenslade diz que não há provas para a acusação".

Você também deverá ser preciso quando usar palavras habitualmente publicadas por jornais sensacionalistas, como:

- A reação da Câmara ao novo projeto do Executivo foi "feroz" ou apenas "forte"?
- Há um "enorme contingente policial na perseguição" ou é uma busca com um número normal de policiais?
- O partido está realmente "rachado" ou é apenas um pequeno grupo que está discordando?
- Aquela facção do Partido Trabalhista é realmente majoritária ou a questão está simplesmente sendo levantada por um grupo grande de parlamentares?

Causas e efeitos

Como já foi dito, você tem apenas uma chance para prender a atenção do ouvinte e mantê-la; por isso as notícias devem ser compreendidas instantaneamente. Você deve contar a causa do acontecimento antes de falar do seu *efeito*.

Isso é importante especialmente quando se tratar de desastres e de números de mortos. Por exemplo: "Acidente com um ônibus na M25, em

Essex, mata doze pessoas" é melhor do que "Doze pessoas foram mortas e vinte ficaram feridas na M25, em Essex, num acidente com um ônibus".

Lembre-se de perguntar sempre, a si mesmo, qual é o fato mais importante de cada notícia. Faça a pergunta: "O que interessa mais aqui?". Por exemplo, você recebeu a informação de que a polícia está pedindo o comparecimento ao distrito de testemunhas que presenciaram a morte por atropelamento, de uma mulher, na M1. O *fato* central da notícia é que uma mulher morreu no acidente e é isso que precisa ser destacado.

Números em acidentes

Tome sempre cuidado com números referentes a mortes, especialmente em notícias de grandes acidentes ou desastres. Não haverá prejuízo para a sua credibilidade se o número de baixas aumentar, mas ela será prejudicada quando as pessoas mortas "ressuscitarem".

Organizações

Nem sempre é necessário dar o nome completo de uma organização ou empresa, principalmente se for muito longo. Por exemplo: "Sindicato dos motoristas de ônibus" é aceitável, em vez de "Sindicato Nacional dos Condutores de Veículos de Transportes Coletivos" ou "Sincon".

Quando são usadas siglas, por exemplo, CBI, a primeira referência em sua matéria deve ser sempre prefaciada por uma breve descrição, tal como "A organização patronal — CBI", ou "O Sindicato dos Funcionários do Serviço de Saúde — Sinsau".

Títulos

É mais lógico que o título da pessoa venha antes do seu nome. Por exemplo, "o presidente da Câmara dos Vereadores, Philip Wheeler", em vez de "Philip Wheeler, presidente da Câmara dos Vereadores".

A verdade

O mais importante no radiojornalismo local é dizer sempre a verdade. Ao final de cada sentença que você terminar de escrever pergunte a si mesmo se aquilo que acabou de ser escrito foi cuidadosamente apurado. Há, freqüentemente, inverdades no noticiário. Por exemplo, o uso do plural pelo singular, como na frase: "Vereadores do Partido Conservador estão exigindo..." quando você sabe que quem está fazendo isso é apenas um vereador.

CAPÍTULO 5

O BOLETIM DE NOTÍCIAS

O boletim de notícias é a vitrine de uma emissora de rádio. Ele dá ao ouvinte, em poucos minutos, um panorama do que está acontecendo naquele momento.

Os boletins são resultado da linha jornalística seguida pela emissora: a fixação dessa política é que determina que notícias serão cobertas, de que forma e com que enfoque.

A busca do ouvinte

Todas as redações, tanto as das emissoras comerciais como as da BBC, têm diferentes linhas de noticiário, e é impossível fazer generalizações. Pode-se, no entanto, saber qual é a linha de notícias criada pelo diretor de programação de cada rádio para conquistar audiência. A linha informativa acaba sendo resultado dessa decisão e é sempre centrada em informações que interessam ao ouvinte ou, de alguma forma, afetam sua vida.

Algumas dessas notícias podem incluir, por exemplo, informações sobre:

- o meio ambiente (não só o "verde", mas também o que está acontecendo à sua volta, na cidade e região);
- a economia (empréstimos para casa própria, níveis salariais, o custo de vida);
- crime (Como tornar as ruas mais seguras? O que está sendo feito para isso?);
- saúde (médicos, hospitais e o Sistema Nacional de Saúde);
- educação (o estado das escolas, os métodos de ensino);
- transporte e viagens (estradas de rodagem e de ferro);

- esporte e lazer (grandes equipes e principais passatempos);
- política nacional (as personalidades e suas políticas);
- política local (o que está acontecendo de importante na região).

Algumas estações comerciais, especialmente aquelas do grupo GWR, têm feito pesquisas detalhadas para saber que tipo de notícias os ouvintes querem receber. Como conseqüência, eles têm ajustado suas linhas noticiosas para dar destaque a questões ambientais e de saúde. Além disso, para que o ouvinte saiba com certeza em que momento essas notícias serão transmitidas, são criados "avisos" dentro dos boletins dizendo "Agora, as notícias de saúde..." ou "No ar, as notícias do meio ambiente".

Outras emissoras estão deixando de lado o noticiário tradicional e concentrando-se nas "notícias que você pode usar" (os chamados "serviços"), como as informações para o consumidor ou comunicados sobre questões de saúde e assistência médica. Quando há uma notícia sobre um acidente, por exemplo, elas não focalizam o acontecimento em si, mas os transtornos causados por ele.

A maioria das emissoras do Reino Unido, contudo, continua a ser influenciada pelo noticiário tradicional da BBC. Muitos programadores vêem as notícias locais como uma forma de injetar vida real à programação, inserindo informações sobre acontecimentos ocorridos em lugares próximos, no meio de programas musicais.

Qualquer que seja a linha editorial da emissora, todas elas disputam a atenção do ouvinte. Já está distante o dia em que "ouvir as notícias" era um ritual solene, quando toda a família deixava qualquer coisa que estivesse fazendo e se reunia em torno do aparelho de rádio.

Isso não quer dizer que haja menos interesse pelas notícias. O que aconteceu é que os padrões gerais de vida mudaram. O círculo familiar está agora menos próximo, há interrupções freqüentes assim como outras atividades e interesses.

Agora todas as rádios devem competir pela atenção dos ouvintes. As emissoras não podem mais impor seus programas ao público. Elas precisam *namorá-lo*. Esse é o desafio.

Mas não é suficiente apenas transmitir informações. O radiojornalista deve ter certeza de que o seu noticiário é ouvido *e compreendido*. Para informar, nós precisamos ser interessantes.

Critérios de importância

Como avaliar se uma notícia é importante ou não para entrar num boletim? Cada notícia ganha um lugar no boletim, dependendo do efeito que tem na vida do ouvinte. Ela pode ser direta, quando atinge o cotidiano das pessoas, referindo-se, por exemplo, à alta de preços, ou pode ser indireta, quando mexe com emoções, por meio da simpatia ou da empatia.

Quando for tomar decisões editoriais, você deve sempre se perguntar: o que isso *significa* para o meu ouvinte?

Tenha cuidado com as notícias internacionais na rádio local. Algumas estações, especialmente as da BBC, têm a política de dar o maior número possível de notícias internacionais. Mas outras, incluindo muitas rádios comerciais, preferem concentrar-se em fatos locais. Um conhecido teste aplicado aos alunos de um centro de treinamento de rádio trouxe algumas notícias sobre um grupo político-religioso que bloqueou um porto no Ceilão. Perguntava-se: Qual o interesse dessa informação para o ouvinte, na Grã-Bretanha? A maioria respondeu que pouca gente iria se importar com ela — até descobrir que o bloqueio daquele porto poderia interferir na importação de chá!

Fique atento, também, às notícias que vêm da Prefeitura e da Câmara. Muitas delas são histórias enfadonhas, de política interna, ou assuntos pelos quais a maioria das pessoas geralmente não se interessa ou não entende. A menos que haja notícias que realmente afetem as pessoas fora da Prefeitura (tais como a coleta de lixo, a construção de estradas, o fechamento de escolas) e que por isso mereçam ser cobertas. Como regra geral, vá em frente com notícias que afetem o cotidiano das *pessoas*. Despreze as que não tenham essa característica.

Isto tudo diz respeito ao equilíbrio e à opinião. Um radiojornalista trabalhando numa redação atarefada vê-se várias vezes ao dia tendo que decidir entre o que é importante e aquilo que é apenas interessante.

Qualidade *versus* quantidade

Se um item da notícia precisa de um apoio artificial para se sustentar, ele não deve ser transmitido. Infelizmente, muitas estações de rádio local despejam para os ouvintes um número excessivo de notícias monótonas e desnecessárias só para preencher a "cota" de noticiário local prevista na programação. A qualidade nunca deve ser prejudicada por amor à quantidade. O ouvinte percebe isso rapidamente.

Nomes de lugares

Quando você trabalha numa rádio local, as notícias devem ser vistas sempre pelo ângulo local. Por exemplo: "A polícia está advertindo às mulheres para que não andem sozinhas à noite depois de uma série de ataques sexuais. O aviso foi feito depois de três casos ocorridos em Chelmsford...", torna-se: "A polícia, em Chelmsford, está advertindo às mulheres para não andarem sozinhas à noite depois da ocorrência de três ataques sexuais...".

Tente também colocar o maior número possível de nomes de cidades, bairros e vilas em seus boletins, incluindo pequenas notícias de duas linhas vindas das regiões situadas em torno da cidade. Isso acelera o ritmo do noticiário e dá ao ouvinte a sensação de que sua cidade ou vila está sendo coberta pela emissora, mesmo que não haja sempre repórteres de sua rádio na região.

A "vida" de uma notícia

As notícias precisam ser sempre atuais. Se você está trabalhando numa matéria da noite anterior, para o próximo boletim do "café da manhã", tente colocar um trecho novo, ou uma nova abertura, atualizando a informação. Isso ajuda a variar e dar atualidade aos jornais radiofônicos. Em geral, uma notícia não deve ser usada em mais do que três boletins consecutivos. Depois disso, ela deve ser jogada fora ou totalmente reescrita. Com mudanças rápidas e constantes, é fácil atualizar o noticiário a cada hora, e os resultados desse esforço são muito positivos. Por mais que haja trabalho na redação, isso é imprescindível e faz com que o ouvinte sinta que está acompanhando os acontecimentos de hora em hora.

CARACTERÍSTICAS DO BOLETIM

Precisão

Não há desculpas para reportagens desorganizadas e imprecisas. Você deve verificar todos os fatos e ter a certeza de que eles estão corretos. Se a história veio da polícia, certifique-se de que você falou com a pessoa certa — um inspetor de plantão, um policial em serviço ou um assessor de imprensa. Se você está fazendo um relato factual, tenha certeza de que domina os fatos ou então verifique-os.

O melhor conselho é: *verifique, verifique* e *verifique novamente*. Se a precisão cair, a credibilidade da rádio também cairá — e com isso a sua própria reputação jornalística.

Há uma velha máxima jornalística que, ainda hoje, é importante: *"Quando estiver em dúvida, pergunte — se ainda estiver em dúvida, jogue fora"*.

Bom gosto

Tenha cuidado para não aborrecer o ouvinte, desnecessariamente, com detalhes sangrentos e de mau gosto. Algumas coisas, por si só, são horríveis. Lembre-se de que o ouvinte pode estar comendo, bebendo ou brincando com seus filhos enquanto escuta o rádio. Corpos sendo esmagados ou notícias com muito sangue e detalhes macabros não combinam com a mesa do "café da manhã".

Nunca dê uma informação sobre sexo ou violência só para excitar os ouvintes. É claro que quando houver motivo para preocupações públicas, aí sim, esse tipo de notícia deve ser dado. Por exemplo, um caso de crueldade ocorrido com uma criança, que o Departamento de Serviço Social quer evitar que se repita, deve ser noticiado. Mas procure sempre mostrar com ênfase que a razão principal da notícia é o interesse público.

Quando se referir a um estupro, é suficiente dizer "estuprado(a)" em vez de "brutalmente" ou "violentamente" estuprado(a).

Quando for necessário noticiar atos de violência, você deve ter cuidado com a linguagem. Lembre-se de que o que fica implícito, freqüentemente, é mais efetivo e causa mais impacto do que aquilo que é descrito de forma sensacionalista. Por exemplo: "O homem com a cabeça arrebentada por um tiro de espingarda de cano serrado ficou caído numa poça de sangue", torna-se: "Um homem surgiu atrás dele e atirou uma vez em sua cabeça".

Equilíbrio e imparcialidade

É dever de uma redação de rádio apresentar todas as opiniões sobre determinado fato e dar a oportunidade de resposta às pessoas criticadas no ar. Isso não precisa acontecer dentro do próprio boletim em que ocorreu a crítica, mas deve ser feito com certa brevidade. Por exemplo, se uma pessoa criticou o secretário de Educação sobre o fechamento de uma escola no noticiário das 8 h. de segunda-feira, o correto é divulgar a resposta do secretário sobre esta questão no mesmo horário, na terça-feira. Isso permite que os dois lados alcancem a mesma audiência, em dias diferentes, mas consecutivos.

Tom

Além de claro e conciso, um bom boletim de jornalismo radiofônico deve ser firme e incisivo, sem nunca insultar a inteligência do ouvinte. Lembre-se sempre desses princípios básicos. Eles devem estar presentes de forma automática no tom do seu texto.

Comentários

Você deve evitar comentários em todas as notícias transmitidas, procurando ser imparcial e objetivo. Lembre-se de que a sua visão da notícia pode, às vezes, ser percebida pelo tom que você usa para lê-la no ar. Tome cuidado. Procure ser simples e direto.

O SCRIPT — UM EXEMPLO

O *script* de uma notícia no rádio serve como ligação entre o repórter, o apresentador e o ouvinte. O apresentador deve deixar claro para o ouvinte que notícia o repórter irá transmitir. Porém, isso depende da qualidade da introdução. Veja um exemplo de abertura e *script*, e alguns macetes usados no texto radiofônico (Ilustração 5.1).

Chantler	22.10.96	boletim da tarde

EMBARGADO ATÉ AS 13 horas

HOSPITAL/Franklin

Mais de duzentos leitos serão fechados no hospital St. John... devido às restrições orçamentárias do governo.

O aviso partiu da autoridade de saúde local... que precisa cortar cerca de um milhão de libras até o fim do próximo ano.

Mas a decisão irritou alguns vereadores... que lembraram que a falta de recursos para a saúde é conseqüência de medidas anteriormente adotadas pelo governo.

O trabalhista Mark Franklin... que representa o distrito de Witham... disse que o governo está tentando acabar com o Serviço Nacional de Saúde às custas da população...

CARTUCHO: Hospital/Franklin
DURAÇÃO: 24"
SAÍDA: ...dificilmente todo esse tempo. (54")

Ilustração 5.1 — Um modelo de *script*.

O começo

Uma boa abertura resume a notícia, mas não dá a notícia toda. Abarrotar a primeira linha confunde o ouvinte:

"Mais de duzentos leitos serão fechados no hospital St. John no próximo ano, porque as autoridades locais de saúde estão sendo forçadas a economizar mais de um milhão de libras para diminuir os gastos do governo".

A essência da notícia é essa, mas você provavelmente precisará ouvi-la duas vezes para compreendê-la. Quem escuta palavras lidas em voz alta pode se perder em algum lugar. A melhor maneira de escrever a primeira linha e a abertura seria:

"Mais de duzentos leitos serão fechados no hospital St. John por causa das restrições financeiras do governo.
O aviso veio das autoridades locais de saúde... que precisam economizar mais de um milhão de libras até o fim do próximo ano."

Dividindo a notícia em duas sentenças curtas, fica mais fácil compreendê-la ouvindo-a uma vez só. Lembre-se: o ouvinte tem apenas uma chance de escutá-la. Ao contrário de uma notícia de jornal, que pode ser lida e relida até que se compreenda todos os seus detalhes.

Detalhamento

Tendo começado a dar a notícia, você precisa ampliá-la ligeiramente, mas cuidado! Se você construiu uma abertura muito longa, o ouvinte pode se cansar com as informações que vierem depois. Uma boa abertura apenas introduz o assunto, não devendo ter a pretensão de dar a notícia toda.
Porém, você deverá acrescentar alguma coisa do tipo:

"Mas a decisão está contrariando alguns vereadores... que disseram que as autoridades de saúde estão mais uma vez lutando contra a falta de dinheiro deixada por governos anteriores".

O parágrafo anterior nos prepara para ouvir um enraivecido vereador. Mas tente não se perder em detalhes exaustivos. Você pode ter uma lista de outros doze hospitais que também foram afetados por medidas econômicas, uma palavra da Associação Médica sobre o governo ou qual foi a posição tomada pelo Ministério da Saúde no último mês. Isso tudo caberia num longo artigo de jornal, mas você deve ter, talvez, um minuto ou menos para contar a notícia toda, incluindo as gravações.

Introdução das sonoras

Um bom parágrafo intermediário do *script* indica que uma sonora vem logo a seguir. Com ele, introduzimos uma gravação feita alguns momentos antes e que já estaria "na linha":

"O deputado trabalhista Mark Franklin... que representa o distrito eleitoral de Witham... disse que o governo está tentando reduzir os gastos com o serviço de saúde às custas da população...".

A sonora

As palavras do sr. Weston, que vêm a seguir, devem trazer algum dado novo. Evite, a qualquer custo, uma "dupla informação". O exemplo abaixo pode levar a isso. Se as palavras dele forem: "Este governo está tentando acabar com o Serviço Nacional de Saúde às custas da população", você precisa complementar com:

"O deputado trabalhista John Weston... que representa o distrito eleitoral de Witham... disse que as notícias econômicas serão um golpe para todos".

Uma "dupla informação" deve ser evitada porque ela antecipa para o ouvinte o que ele irá saber ouvindo a sonora. Isso tira todo o impacto contido na entrevista. E as notícias de rádio devem causar *impacto*.

A lauda

Toda emissora de rádio tem seu próprio tipo de lauda (ver Ilustração 5.1, p.68), mas no geral elas incluem o seguinte:

- a data;
- o nome ou as iniciais do repórter;
- o título da notícia (ou a "retranca");
- o texto;
- a duração da sonora;
- a saída da sonora;
- o total do tempo da matéria (leia o texto para você mesmo, para cronometrá-lo; ou conte três palavras por segundo);
- qualquer outra informação que possa ajudar o editor do boletim.

O texto e as demais informações contidas na lauda devem ser organizadas de maneira simples e lógica. Evite usar muitas letras em caixa alta, exceto quando você quiser recomendar uma ênfase muito forte na leitura ou para nomes (de pessoas ou lugares) muito complicados.

Comece cada sentença com um novo parágrafo, colocando-as no início da linha; isso facilita a leitura do texto. Ajuda também a ver o tamanho total da frase que vem pela frente e o fôlego que será necessário para fazer sua leitura.

Coloque em destaque, também, a retranca de cada notícia e atualize-a para evitar confusão entre duas informações diferentes. Acrescente a abreviação "resc." para notícias reescritas, "at." para atualizadas e "acresc." para textos adicionais.

CAPÍTULO 6

APRESENTAÇÃO

A LEITURA DO NOTICIÁRIO

Um apresentador competente pode tornar casos desinteressantes em boas matérias de rádio, mas uma leitura ruim pode anular uma notícia quente. De que adianta todo o esforço de um grupo de pessoas para realizar um bom trabalho se, ao final, a apresentação é malfeita?

O interesse pela notícia

Você precisa ter interesse pela notícia. Esse é um princípio básico do radiojornalismo que precisa *ficar bem claro*. Se você não tiver esse cuidado — e demonstrar isso — é muito provável que o ouvinte perceba e também se desinteresse pelo assunto.

O entendimento da informação

É preciso que você compreenda bem todas as notícias que irá ler. Lembre-se de que você depende muito dos repórteres que fazem os textos. Por isso, é necessário entender as notícias antes de apresentá-las, e nunca hesitar em perguntar qualquer coisa sobre a qual você não tenha certeza. Se permanecer alguma dúvida, serão muito grandes as chances de o seu ouvinte, que não pode fazer nenhuma pergunta, ficar confuso ou até mesmo não entender nada do que está sendo transmitido.

Leitura prévia

Não vá para o microfone sem ler o texto antes, a não ser que não haja outra alternativa. É muito comum você ler mal alguma coisa e perceber que as palavras estão saindo da sua boca com ênfases completamente erradas.

Sempre que for possível, leia todo o texto, em voz alta, antes de apresentá-lo. Alguns minutos gastos com um ensaio nunca serão perdidos.

Parte técnica

Um boletim bem redigido pode ser prejudicado por pequenos problemas técnicos. Quando isso ocorre surgem frases do tipo: "Desculpem a nossa falha. Procuraremos apresentar essa reportagem em nosso próximo boletim..." ou "Desculpem-nos, não era o primeiro-ministro... era o secretário do Sindicato Rural...".

Esses escorregões e lapsos amadorísticos podem ser normalmente evitados. Se você estiver "dirigindo" seu próprio boletim — *verifique* os seus cartuchos. Todos eles estão no ponto certo? Eles estão na ordem correta? Se outras pessoas também estiverem dirigindo o boletim, você tem certeza de que elas estão de posse de todas as sonoras? Sabem qual a ordem em que os cartuchos e fitas devem ser acionados? Sabem qual notícia deve "cair" caso estoure o tempo do boletim? É admirável que você improvise e se saia bem depois de um erro técnico, mas é muito melhor não ter de fazer isso.

Respiração

Existem bons livros publicados sobre locução. Se você tiver qualquer dúvida a respeito de suas habilidades, leia um deles. No entanto, esteja certo de que aqueles livros são escritos para atores e não para locutores. Não há nenhuma necessidade de "aumentar" seu tom de voz no rádio porque o microfone faz isso por você. Não grite. Mas sente-se com o corpo ereto e respire de forma correta. Isto é, inspire o ar profundamente, umas duas vezes, antes de começar. Se tentar falar com os pulmões vazios sua voz sairá fraca e irregular e você não se sentirá bem.

Durante o boletim, lembre-se de prender a respiração! Isso talvez possa parecer esquisito, mas o momento correto de respirar é no fim da frase — e não no meio dela. Se você se sentir nervoso, aproveite as entradas das sonoras para fazer mais algumas inspirações profundas. Além de ajudar na leitura, esse tipo de respiração tem também um efeito calmante.

O nível da voz

Irregularidades no tom de voz podem confundir e talvez até divertir o ouvinte. Não force sua locução muito para cima ou muito para baixo, indo além daquilo que lhe é confortável. Conduza sua voz para um meio-termo entre uma locução monótona e "cantada".

Pronúncia

A BBC publica periodicamente um excelente manual de pronúncia que é sempre bem-vindo numa redação (se você não trabalhar numa emissora da BBC!). A menos que você tenha absoluta certeza, consulte sempre outras pessoas sobre a pronúncia de palavras não muito comuns — o que é também uma outra boa razão para verificar o seu texto antes de lê-lo. Ouça, igualmente, outros boletins de notícias.

Nomes estrangeiros são os piores. Como último recurso, se você não tiver certeza da pronúncia correta e assim mesmo tiver de ir para o ar, respire fundo, diga a palavra com confiança, como você acha que ela deve ser dita e vá em frente. Se ela é realmente incomum, o ouvinte provavelmente não conhecerá uma pronúncia melhor. Mas nunca perca a oportunidade de verificá-la antes. Nomes locais em rádios locais devem ser pronunciados corretamente. Assegure-se de que sua emissora tenha uma lista de nomes de fonética difícil ou que possam causar confusão (ver Ilustração 6.1, p.75).

O tom

É fundamental que o tom de sua leitura seja perfeito. Você precisa falar de modo firme, mas, ao mesmo tempo, ser natural e informal. É necessário dar um ritmo correto à leitura e dosá-la com quantidades exatas de "luz" e "sombra" na voz. Falar rápido e alto não garante que você consiga dar um tom urgente ou dramático à informação; muitas vezes ocorre o contrário. Como em muitos aspectos, a chave é achar o ponto de equilíbrio. É necessário praticar e pedir a opinião dos outros a respeito de sua locução. Procure acostumar-se com sua voz; tente perceber quais os níveis mais altos que você consegue obter e até onde você pode ir sem perder o fôlego. Busque o nível que seja o mais natural possível para você.

Auto-avaliação

É muito difícil conhecer sua própria locução sem ouvir uma gravação. Então, regularmente, faça uma revisão dos seus boletins. Grave um boletim a cada uma ou duas semanas e ouça-o depois. Isso não é egolatria; é apenas uma forma de monitorar seu desempenho.

NEWS PRONUNCIATIONS

Parvez LATIF	UK	paarváyz lătéef
Zvid GAMSAKHURDIA	USSR (former)	zvee-ádd gamssá*ch*óordi-ă
SUKHUMI		soo*ch*óomi (-*ch* as in Sc. 'loch')
ZUGDIDI		zoog-dyéedi
Ruslan KHASBULATOV		röossláan *ch*assböolátöf (-*ch* as in Sc. 'loch')
DUSCHANBE		dooshanbáy
Yevgeniy SHAPOSHNIKOV		yĕvgáyni sháapŏshnikŏf
Andrey KOZYREV		andráy kózzirĕf
CHADLI Bin Jadeed	Algeria	shádli bin jădéed (-j as in 'Jack')
Abasi MADANI		ăbáassi máddăni
Ali BELHAJJ		álee bell-hájj (-j as in 'Jack')
Mohammed BOUDIAF		mŏ-hámmĕd bood-yáaf
Hocine AIT-AHMED		höossáyn īt áa*ch*mĕd (-ī as in 'high')
Abdul Hamid MEHRI		ábdŏol hăméed mé-hri (-me as in 'met')
TEHIYA	Israel	te-hee-yáa
MOLEDET		moléddet
Yuval NE'EMAN		yoovál nay-ĕmáan
Rehavam ZE'EVI		rĕ*ch*ăvám zĕ-ayvée
Anand PANYARACHUN	Thailand	annúnn pún-yarrătchóon (-u as in 'but')
VO VAN KIET	Vietnam	vó vún kyétt (-u as in 'but')

6.1 — Uma lista diária de pronúncia da BBC. *Cortesia da* BBC

Você e o microfone

O microfone é um equipamento muito sensível, que amplifica o som de tudo que é possível. A sua voz, a sua respiração, o ruído da sua roupa, o ranger da cadeira, o barulho das laudas e o estalo do cartucho. Então, quando o microfone estiver aberto, ande e movimente-se com cuidado.

A distância do microfone é importante. Quando muito próximo o estalo dos lábios e a força exagerada das consoantes tornam o boletim desagradável de ser ouvido. Muito longe cria uma reverberação forte que dificulta a audição. Além disso, se você estiver muito distante do microfone, haverá necessidade de torná-lo mais sensível, aumentando o seu "ganho". Isso criará um ruído indesejável (Ilustração 6.2).

Ilustração 6.2 — O estúdio de jornalismo da BBC GLR. Observe o gravador de rolo e a pilha de cartuchos à esquerda. O produtor do horário pode se utilizar de uma caixa de som para monitorar a programação da emissora ou o material recebido da agência GNS. *Cortesia: Sarah Cavan*

Ênfases

Ao ouvir um boletim você pode saber quais foram as palavras mais importantes, levando em conta apenas a ênfase que foi dada a cada notícia. Ao ser o intérprete das notícias, se você não enfatizar corretamente as palavras, o ouvinte não terá idéia de quais são essas palavras. Com isso, você pode perder também sua própria atenção.

Eis um exemplo de noticiário radiofônico:

"O primeiro-ministro chegou à Downing Street, número 10, hoje cedo, para dar início ao seu primeiro dia de trabalho. Ele apareceu na porta um pouco antes das oito horas, recusando-se a falar com os repórteres e limitou-se apenas a acenar e sorrir. Uma de suas primeiras tarefas será formar o novo gabinete. Ontem à noite, havia muita especulação em torno de uma ampla reforma ministerial e, durante esta manhã, a chegada de importantes personalidades do partido à Downing Street foi acompanhada de perto pelos repórteres. Políticos próximos ao primeiro-ministro disseram que ele está considerando a possibilidade de escolher novos nomes para os ministérios da Fazenda e do Exterior e, certamente, deverá nomear um novo ministro dos Transportes. Contudo nenhum nome foi anunciado. Sarah Revell, em Downing Street".

Que palavras você enfatizaria? Sublinhe aquelas que você considera importantes e compare-as com a versão a seguir.

O mesmo apresentador lê a notícia, mas com uma boa colocação de ênfases. Não se aborreça se você não fez da mesma forma. Tente ler o texto em voz alta, com a sua própria ênfase e, então, leia outra vez este texto:

O *primeiro-ministro* chegou à Downing Street, número 10, *hoje cedo*, para dar início ao seu *primeiro* dia de trabalho. Ele apareceu na porta um pouco antes das oito horas, *recusando-se* a falar com os repórteres, limitando-se apenas a acenar e sorrir. Uma de suas primeiras tarefas será formar o *novo gabinete*. Ontem à noite havia *muita* especulação em torno de uma *ampla* reforma ministerial e, durante esta manhã, a *chegada* de importantes personalidades do partido à Downing Street foi *acompanhada de perto* pelos repórteres. Políticos próximos ao primeiro-ministro disseram que ele está considerando a possibilidade de escolher *novos* nomes para os ministérios da *Fazenda e do Exterior* e, certamente, deverá nomear um novo ministro dos Transportes. Contudo, *nenhum nome* foi anunciado. Sarah Revell, em Downing Street.

Repare que as ênfases são muito particulares: *Exterior* precisa ênfase porque, provavelmente, é a primeira vez que essa pasta é mencionada numa reforma ministerial, mas *Ministério* é uma palavra usada para todo o gabinete e, por isso, não precisa ser enfatizada. O fato de todos já saberem que o governo está à procura de um novo ministro dos Transportes exclui a necessidade de ênfase nessa expressão.

Enfatizar palavras não é simplesmente uma questão de falar mais alto. É preciso fazer uma leve pausa antes de pronunciar a palavra a ser enfatizada, deixando-a fluir em direção ao ouvinte.

Citações

As citações precisam de ênfase especial. Por exemplo, na sentença: "o primeiro-ministro acusou a oposição de... 'covarde e hipócrita'...diante da questão...", a pausa neste trecho da citação ajuda a tornar claro que "covarde e hipócrita" são palavras do primeiro-ministro.

Correções

Algumas vezes, você comete algum engano. Pode ser culpa sua, pois você pode ter lido mal o texto, ou alguma outra pessoa, que não viu o erro e não o corrigiu a tempo, antes da apresentação. Se você perceber que deu alguma notícia errada, o melhor é fazer uma correção imediata dizendo: "...ou melhor, o correto é *quarenta e dois* mil..."; ou "...desculpe, o correto é *Watford* Futebol Clube...".

Não faça nenhum drama com qualquer correção desse tipo. Simplesmente dê a informação correta e siga em frente, no mesmo tom de voz de antes. Se você aparentar preocupação ou mostrar pressa em mudar de assunto, o ouvinte também dará maior importância ao erro.

Reapresentar corretamente uma notícia que havia sido dada de forma errada num boletim anterior é mais delicado. A reapresentação é uma decisão editorial, mas se você cometer um erro sério, como num caso jurídico, provavelmente não haverá muita alternativa, e a correção deverá ser feita de qualquer forma. Você deverá se referir à notícia dada anteriormente e ler a nova versão. *Não* repita o erro original — coloque apenas a correção no seu contexto, da forma mais simples possível. Por exemplo: "Como você deve ter ouvido no boletim anterior, o Tribunal de Justiça determinou hoje a prisão de um morador da avenida Tolworth, por crime de estupro. Gostaríamos de esclarecer que seu nome é *John* Smith".

BOLETINS OPERADOS PELO LOCUTOR

Até há algum tempo, as notícias no rádio eram lidas por uma pessoa, enquanto outra realizava os trabalhos técnicos. Isso ainda é assim em algumas redes de emissoras em que há uma equipe trabalhando para colocar um boletim no ar. Também em algumas rádios locais uma outra pessoa, além do apresentador, solta as gravações, abre o microfone e faz as demais funções técnicas. No entanto, muitas vezes, tudo isso é feito pelo próprio apresentador (ver Ilustração 6.2, p.76).

É crescente o número de apresentadores nas rádios locais que aperta um botão ou solta uma fita assinalada com a palavra "Notícias" em determinado momento da programação e todo o boletim vai ao ar. Esses boletins são conhecidos como *self-op* (auto-operados) (Ilustração 6.3).

Ilustração 6.3 — A jornalista Elouise Twisk apresentando o boletim operado por ela própria na BBC Essex.

A finalização do boletim

Por precaução, chegue cedo ao estúdio. Não porque o boletim precisa começar cedo, mas porque você deve estar pronto para ir ao ar com antecedência. Os melhores boletins não são lidos, e muito menos dirigidos, por alguém que caiu do céu alguns segundos antes do início da transmissão. Em algumas redações, são contadas histórias, como se fossem grandes feitos, das corridas do locutor para o estúdio alguns segundos antes de o noticiário ir ao ar. Isso dá a impressão, para alguns jornalistas, de que as notícias estão sempre superatualizadas, chegando em cima da hora. Mas para o ouvinte o que acaba chegando é um boletim mal-preparado e mal-apresentado. Correto é o procedimento adotado por algumas emissoras, em que o texto do boletim está nas mãos do apresentador cinco minutos antes do seu início, dentro do estúdio. A partir daí não se acrescenta nenhuma notícia nova, a não ser em casos excepcionais.

No estúdio

Uma vez no estúdio, verifique as sonoras (nos cartuchos ou no menu das telas dos computadores), as informações das laudas e os textos. Uma lauda ou um cartucho não pode ter-se extraviado? Outra razão para chegar cedo é que qualquer problema encontrado nesse momento pode ser resolvido, se houver um sistema de comunicação entre o estúdio e a redação. Com sorte, alguém pode achar em tempo o cartucho perdido.

Quando o estúdio for analógico, coloque os cartuchos na máquina e, se o equipamento permitir, rebobine-o rapidamente. Tome cuidado, no entanto, para não rebobiná-lo muito perto do início do boletim. Você se sentirá perdido se o cartucho ainda estiver rebobinando no momento em que ele já deveria estar indo para o ar. Os cartuchos devem ser colocados no ponto de início, mas todos eles devem ter um bom pedaço de fita como margem de segurança. Nas redações computadorizadas, toque na tela ou ative com o *mouse* cada uma das sonoras para verificar se as deixas estão corretas.

Verifique se todos os inícios de gravação e os cartuchos estão na ordem certa e se seu aparelho de mixagem está operando a saída correta. Se você não conseguir ouvir direito o que está no ar, poderá não saber exatamente quando deve entrar e não será capaz de ouvir a sua própria gravação quando quiser rodá-la. Com o número cada vez maior de estações transmitindo em várias freqüências, há sempre o risco de interferências e a possibilidade de você ouvir uma programação errada. Mais uma vez, confira tudo a tempo.

Ajuste seus fones de ouvido no volume que lhe parecer mais adequado. Lembre-se de que a mesa de mixagem recebe sons de várias fontes ao mesmo tempo. Isso significa que o que você ouve são sons de alta e baixa freqüência que são processados e comprimidos na mesa de mixagem. Você pode se atrapalhar se não estiver acostumado com esse funcionamento. Alguns apresentadores lêem o noticiário com apenas um fone bem colocado em um dos ouvidos, para ouvir o áudio processado pela mesa, deixando o outro livre para ouvir sua própria voz naturalmente. Faça de um jeito em que você se sinta bem.

"E agora, as notícias..."

Respire fundo e abra o seu microfone enquanto a música de abertura estiver no ar — se houver uma — e não depois que ela tenha terminado. Comece com confiança, com um dedo no botão do cartucho para soltar a primeira gravação ou pronto para acionar a tela do computador.

No estúdios analógicos, após o uso de cada trecho de áudio, "atualize" a pilha de cartuchos, removendo os usados e substituindo-os por novos. Tenha sempre à mão os dois próximos cartuchos a serem usados. Se houver algum problema com o primeiro, não tente forçar o seu funcionamento, o que acabará provocando um ruído desagradável no ar. Para evitar isso, tenha outro cartucho sempre pronto.

Quando você estiver lendo um boletim que deve terminar num momento preciso, sem atraso ou antecipação de segundos, mantenha as duas principais notícias na mesa ao seu lado, num lugar em que você possa achá-las facilmente, por motivos que vamos discutir em seguida.

Quando ocorrem erros...

Se alguma coisa der errado, apesar de todas as suas precauções, *mantenha-se calmo*. Este é o seu boletim e o ouvinte está sendo informado por você. Se você ficar desconcertado ou nervoso, o ouvinte vai achar que o erro é realmente grave. Mas tome algumas precauções. Tenha à mão algumas notícias extras que ainda não tenham sido transmitidas. Às vezes um cartucho inteiro pode falhar durante um boletim. Com as "cabeças" das sonoras e algumas notícias extras do seu lado você será capaz de remediar a situação indo em frente no noticiário.

Eis por que sugerimos que você deixasse algumas notícias importantes de lado. Se precisar encerrar o boletim no tempo exato ou se um erro acabou deixando-o muito curto, você pode sempre voltar para aquelas informações nos últimos trinta segundos (ou mesmo um pouco mais), dizendo: "...e, novamente, as principais notícias deste boletim...". Isso pode parecer um gesto de desespero, mas, na verdade, é uma saída esperta e de emergência. Se você se mostrar seguro, o ouvinte não perceberá que você está preenchendo o tempo que sobrou. Algumas emissoras, propositadamente, repetem a principal notícia do momento no final do boletim.

Só no caso de tudo dar errado é que você deverá terminar o boletim mais cedo. Mas mesmo assim, só se você tiver certeza de que o próximo programa está pronto para ir ao ar. Nada soa pior do que um período de silêncio depois de um noticiário. Quando isso ocorre, você passa para o ouvinte a impressão de que é o próximo apresentador que está errado por ainda não estar pronto.

Se há uma falha, e ela precisa ser explicada, faça isso de modo que o ouvinte possa entender. *Nunca* diga: "Desculpe o cartucho não voltou...". O ouvinte que não conhece a linguagem radiofônica vai pensar que você está esperando que alguém devolva o cartucho de uma arma! Diga simplesmente: "Desculpem-nos, mas não pudemos apresentar esta reportagem por uma falha técnica".

Lembre-se de que os erros que são óbvios para você podem não ser perceptíveis para o ouvinte. Se você está lendo um texto e falha na hora de soltar uma sonora, pense antes de se desculpar. Uma boa abertura em texto pode dar a informação sozinha, se for necessário. Não peça desculpas por qualquer coisa, a menos que o erro seja evidente. Se você puder ir em frente sem elas, não hesite.

Capítulo 7

RECURSOS TÉCNICOS

GRAVAÇÕES

Todas as emissoras de rádio contam com diferentes sistemas de gravação para guardar entrevistas, reportagens e o material já transmitido. Estações mais antigas usam equipamentos analógicos como cartuchos e gravadores de rolo. Mas está se tornando cada vez mais comum o uso de equipamentos digitais, onde os sons são gravados diretamente no disco rígido do computador. Lá eles podem ser editados, guardados, transmitidos e arquivados.

Gravação analógica

A gravação analógica trabalha com fitas magnéticas. Durante muitos anos, esse foi o único sistema utilizado pelas emissoras de rádio para gravar e transmitir sons. É importante entender como os sons são gravados para compreender melhor o processo de edição.

Um aparelho sensível às variações da pressão do ar causadas pelas ondas de som — o microfone — é usado para produzir pequenas flutuações nos sinais elétricos. Esses sinais são amplificados e passados pela "cabeça" do gravador e daí para a fita de gravação que, por sua vez, gera um outro campo magnético. As partículas óxidas existentes na fita de gravação são afetadas por esse campo e tomam uma forma diferente. Elas ficam "congeladas" na fita, nessa nova forma, até serem modificadas por outro campo magnético.

Quando a fita passa pela "cabeça" do gravador, ela lê a forma das partículas e produz outra corrente em resposta. Essa corrente, devidamente amplificada, é enviada para um alto-falante — basicamente um microfone ao contrário — que produz sons inteligíveis novamente.

Embora a corrente gerada pela "cabeça" do gravador seja muito semelhante à original, várias mudanças, que são chamadas de "distorções", podem ocorrer durante o processo. A distorção mais comum observada num sinal reproduzido por uma gravação é causada por ruídos de fundo existentes na fita (produzidos por gravações anteriores) e que não foram inteiramente eliminados. Os modernos gravadores analógicos, que possuem sofisticados circuitos internos, podem reduzir bastante esses ruídos.

Ilustração 7.1 — O Uher foi o gravador portátil padrão das emissoras de rádio durante muitos anos. Ele é muito resistente e bem desenhado, mas hoje está sendo substituído por gravadores que usam fitas cassete menores.

Eis as características de alguns equipamentos analógicos:

Gravadores de rolo usam carretéis de diversos tamanhos que podem receber fitas de 1/4 de polegada e podem rodá-las a velocidades que variam de 3,3/4 a 15 polegadas por segundo. Essas máquinas são produzidas por companhias como a Revox e a Studer. O gravador portátil mais comum ainda usado pelas emissoras de rádio é o Uher (Ilustrações 7.1 e 7.2).

Gravadores cassete possuem dois carretéis para fita acondicionados dentro de uma caixa de plástico. As fitas são bem mais estreitas do que aquelas usadas nos gravadores de rolo, com 1/8 de polegada e rodam a uma velocidade de 17/8 polegadas, permitindo gravações de até 120 minutos. Esses gravadores foram concebidos originalmente para uso doméstico. Mas devido à sua alta qualidade — como é o caso dos produzidos pela Marantz (Ilustração 7.3) ou do Sony Professional Walkman — acabaram tornando-se comuns também nas redações de radiojornalismo. No entanto, a pequena largura de suas fitas torna a edição um pouco mais difícil. É por isso que, normalmente, essas gravações são transferidas para gravadores de rolo

Ilustração 7.2 — Um modelo básico Revox — o B 77, com capa de proteção contra poeira. É praticamente o gravador padrão das redações.

antes de serem editadas. Com sorte, algumas vezes, é possível passar a gravação de um cassete diretamente para o cartucho e colocá-la no ar. Normalmente, no entanto, é bom editar para deixar os sons mais limpos sem nenhum "zip" ou "uoou" que, às vezes, aparecem no início da gravação.

Cartucheiras reproduzem os sons gravados nos cartuchos que, por sua vez, são constituídos por uma fita de gravação envolta em um estojo plástico retangular, um pouco maior do que a fita cassete. Seu tempo disponível para gravação pode ir de dez segundos a dez minutos. Quando o cartucho está gravado, um sinal inaudível é colocado no ponto de início da gravação. A fita, então, corre automaticamente até aquele ponto e pára, aguardando o

Ilustração 7.3 — A Marantz é uma das principais fornecedoras de gravadores cassete para as emissoras de rádio. O aparelho da foto é leve e tem bom desempenho.

toque no botão *play* para voltar a correr (Ilustração 7.4). Cartuchos, portanto, são aparelhos que se auto-regulam. Normalmente, as cartucheiras não contêm nenhum tipo de apagador de gravações. Os cartuchos são limpos, com um dispositivo de apagar que gera um forte campo magnético. Um cartucho usado para gravação, sem ter sido limpo, vai manter os sons gravados anteriormente e ambos serão ouvidos. Esse é um cartucho chamado de "sujo". Algumas máquinas de cartuchos têm um dispositivo especial de borracha para apagar sons gravados anteriormente e que deve ser acionado antes de qualquer gravação nova. As duas funções, apagar e gravar, não podem ser usadas simultaneamente.

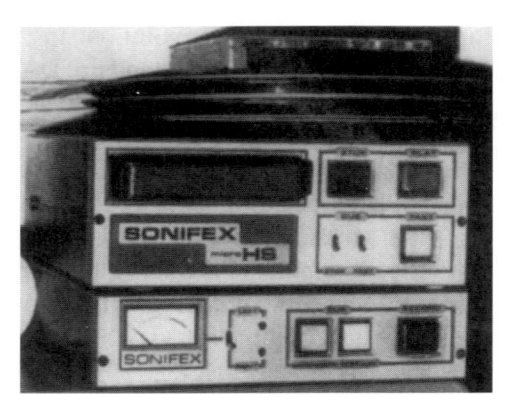

Ilustração 7.4 — Cartucheira produzida pela Sonifex, com o módulo de gravação embaixo.

A velocidade padrão nas gravações feitas pelas emissoras de rádio é de 7,5 polegadas por segundo. As velocidades lentas não são normalmente utilizadas porque produzem um som de qualidade inferior. As altas velocidades são usadas normalmente para gravações musicais. Embora a velocidade dos gravadores no jornalismo esteja sempre regulada para 7,5 polegadas por segundo, acidentes podem acontecer — então, verifique sempre, principalmente antes de pôr a gravação no ar.

As gravações, geralmente, ocupam todo o espaço da fita em gravações estereofônicas, mas no jornalismo elas são ajustadas para o uso de apenas um dos canais. O outro recebe uma gravação silenciosa. Isso quer dizer que você não pode voltar a fita e usá-la em outra direção.

Gravação digital

Os sinais sonoros digitalizados já fazem parte de nossa vida há algum tempo e são a base técnica dos nossos CDs.

Com poderosos computadores sendo usados rotineiramente na forma de PCs e com grandes quantidades de informações digitalizadas sendo armazenadas a baixo custo, uma revolução está transformando a vida das emissoras de rádio. A velocidade com que são desenvolvidos *softwares* para compressão e descompressão de sinais digitais, que representam vozes ou sons musicais estereofônicos, permite que agora eles sejam gravados, editados, armazenados e transmitidos com muito mais eficiência.

Os *hardwares* e os *softwares* para gravações digitais incluem:

O **Digital Audio Tape** ou DAT é um aparelho que, ao surgir, revolucionou os processos de gravação e edição. Agora ele é considerado um padrão industrial. Os DATs são menores que os gravadores "cassete" analógicos e usam a mesma tecnologia de um videogravador — uma fita em velocidade lenta é "lida" por uma cabeça giratória. O sinal é gravado de forma digital, na qual as variações elétricas são representadas por uma série de impulsos ou *bits* de informação. Uma gravação em forma de *bit* é como a digitação de palavras num processador de textos; as duas podem ser facilmente trabalhadas por um computador. A qualidade do som permanece exatamente a mesma em relação à original e, diferentemente das fitas analógicas, quando são copiadas, não se deterioram.

Cartuchos digitais não usam fitas. Os sons são gravados digitalmente e reproduzidos de um disquete. Um cartucho digital inclui, quase sempre, vários tipos de gravações como boletins, *jingles* e comerciais. Diferentemente do cartucho de fitas, ele não precisa ser rebobinado, e qualquer um dos seus pontos de gravação pode ser acessado instantaneamente. Outra grande vantagem sobre os cartuchos de fita é que o sistema digital nunca enrola.

Minidiscos são pequenos discos compactos com capacidade de armazenar mais de setenta minutos de sons totalmente indexados e de acesso instantâneo.

Eles são usados principalmente para *jingles* ou sons de fundo, mas podem também ser utilizados para os boletins ou comerciais. Tanto os minidiscos como os cartuchos digitais têm seus próprios sistemas de acionamento, normalmente um conjunto de botões giratórios utilizado para selecionar o trecho desejado da gravação. Um mostrador digital indica o título e o número do trecho selecionado. No entanto, o uso repetido da compressão digital pode deteriorar a qualidade das cópias sucessivas.

O **Disco rígido de computador** é utilizado em estúdios totalmente montados com sistemas interativos de grande capacidade de memória e usados pelas emissoras de rádio mais modernas para armazenar todas as suas gravações, como *jingles*, comerciais e boletins jornalísticos. Uma vez registrado um dado no sistema, um número qualquer de pessoas pode acessá-lo. E ele não sofrerá nenhuma queda de qualidade, mesmo que as pessoas que o estão acessando parem, reiniciem, editem, coloquem em pausa ou tirem várias cópias da mesma gravação. Por ser um dado fornecido pelos computadores, torna-se facilmente acessível. O disco rígido é a melhor forma para oferecer, instantaneamente, um material de qualidade para vários usuários ao mesmo tempo.

Disco rígido portátil pertence a uma nova geração de gravadores leves. Eles são pequenos, resistentes e compactos, como é o caso do Courier produzido pela Sonifex, onde o som é gravado no disco rígido. As gravações podem ser editadas digitalmente no próprio local da reportagem e transmitidas por meio do sistema ISDN ou por telefones celulares. Os preços dessas máquinas poderão vir a se tornar mais acessíveis e, em poucos anos, elas se transformarão num equipamento padrão para repórteres de emissoras com redações digitalizadas.

EDIÇÃO

Freqüentemente, uma gravação deve ser editada antes de ir ao ar para que sejam eliminados alguns trechos desnecessários. Numa entrevista, as pessoas tendem a engasgar, tossir, titubear e cometer outros tipos de erros, o que incomoda o ouvinte. Se isso não é eliminado, perde-se um precioso tempo do boletim.

Editar, no entanto, não é mudar o sentido da entrevista. Não é aceitável, por exemplo, unir uma pergunta e uma resposta que não estavam juntas na gravação original.

A entrevista deve ser feita de forma a reduzir ao mínimo a necessidade de edição. Ela toma muito tempo e, às vezes, fica muito difícil alcançar os efeitos desejados. A tensão do "fechamento" aumenta ainda mais essa dificuldade.

Cuidado com a edição. Faça-a corretamente. Sua competência não deve ser notada pelo ouvinte, porque uma boa edição é sempre imperceptível. Essa é a razão que levou o Judiciário, durante muitos anos, a receber com reservas provas baseadas em gravações. É que é muito fácil modificá-las.

Tenha o cuidado de ouvir como o seu entrevistado fala, e preserve seu ritmo natural de falar, observando com cuidado suas pausas. Duas resfolegadas juntas soam ridículas, mas isso acontece facilmente. Se, por outro lado, você tirar todas as pausas de uma sentença, o depoimento irá ao ar parecendo ter sido feito por um robô. Então, ao editar em fita, a melhor regra é ouvir a gravação duas vezes antes de cortar. Se você cortar logo depois de ouvir a primeira vez, pode mudar de idéia logo a seguir e aí não há mais jeito, porque uma parte da gravação original estará destruída. Uma das vantagens dos modernos equipamentos digitais é que eles dão a possibilidade de você poder cortar e copiar quantas vezes quiser sem destruir o material original.

Edição analógica

Para editar você precisará ter, além da fita, um gravador, um par de fones de ouvido, e os seguintes instrumentos:

• adesivo de fitas;
• uma caneta porosa;
• uma lâmina ou estilete;
• um ajustador.

O adesivo de fitas é feito exatamente para esse trabalho. Ele não é muito pegajoso e é um pouco mais estreito do que a fita de gravação. Não se deve usar nenhum outro tipo de adesivo. Eles normalmente não colam bem, são muito grossos ou deixam a cola vazar para as cabeças do gravador que são muito sensíveis (Ilustração 7.5).

Ilustração 7.5 — O jornalista David Whiteley editando uma fita num aparelho Revox na rádio Essex FM.

Vamos supor que você precise cortar cinco segundos de silêncio existentes no meio de uma entrevista. Em primeiro lugar, coloque seu aparelho no ponto de edição. Ele varia de modelo para modelo, mas o objetivo é o mesmo: ouvir a fita quando ela corre para a frente ou para trás passando pela cabeça do gravador.

A maioria dos aparelhos profissionais tem três cabeças. Da esquerda para a direita (no sentido que a fita corre), as cabeças são de apagar, gravar e ouvir. Você deve editar usando a cabeça de ouvir.

Procure o final da gravação que você deseja usar, corra a fita até que ela tenha passado mais ou menos 25 milímetros desse ponto. Faça uma marca com a caneta porosa, traçando uma pequena linha vertical. Não deixe que sua marca ultrapasse os lados da fita. Se isso ocorrer, a caneta irá marcar a cabeça facilmente e reduzir a qualidade do som até que ele seja limpo de novo.

Agora, vire a fita para a direita, até escutar a próxima palavra que você deseja. Ponha uma segunda marca bem à *direita* da palavra.

Tire a fita do gravador e coloque-a no ajustador. Usando um estilete de 45 graus, corte a fita nas marcas feitas pela caneta. Ponha a parte do meio (o pequeno pedaço que foi cortado) de lado — mas não o perca. Junte as pontas da fita que sobrou no ajustador, mas não ponha uma em cima da outra (isso facilmente acontece!).

Coloque um pedaço de cerca de três centímetros do adesivo sobre a emenda, paralelo à fita, deixando que ela passe para o outro lado. Fica mais fácil cortar antecipadamente um pedaço do adesivo e depois aplicá-lo na fita usando a borda do estilete. Não toque no adesivo com os dedos mais do que o absolutamente necessário, porque a oleosidade de sua pele pode tornar a cola menos eficiente. Então, retire a fita do ajustador com muito cuidado. O adesivo deverá cobrir o mesmo tamanho de cada lado da fita que foi unida. Um bom adesivo é tão forte quanto a fita original. Finalmente, ouça a parte emendada na velocidade normal. Se tudo estiver bem, você poderá agora jogar fora a pequena parte da fita que havia sido cortada.

Se quiser acrescentar uma pausa ou algum outro som da entrevista original, você pode usar o mesmo procedimento. Mas se você necessitar de um silêncio muito longo, use uma fita branca nesse espaço e nunca uma colorida do tipo das utilizadas para gravar. A branca não gravará nada e não prejudicará qualquer outra gravação feita na mesma fita.

Edição digital

A forma mais comum de edição é aquela realizada na tela de um computador. A gravação é introduzida no disco rígido da redação ou no sistema computadorizado de toda a emissora. Usando um *software* compatível, você pode ver os dados na tela em forma de ondas. Então, usando o *mouse* é possível destacar as partes que interessam do áudio, podendo cortar e reordenar o material. Esse método também pode criar efeitos sonoros, deixando o material original intacto. Isso significa que é fácil fazer experiências com essas unidades de edição até alcançar o resultado desejado (Ilustração 7.6).

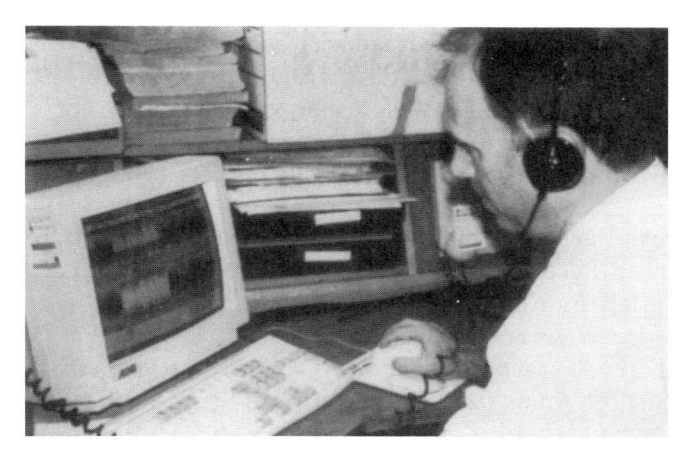

Ilustração 7.6 — Charlie Partridge, editor-chefe da BBC em Essex, editando no computador. Note como o som aparece na tela em forma de ondas.

Um outro método de gravação digital é mais caro e necessita pelo menos de duas máquinas DAT e uma unidade de controle de edição. Esse controlador fornece informações codificadas da gravação original com uma identificação escrita de cada parte do áudio. Você pode, então, colocar essas partes em qualquer nova ordem que for necessária.

REDAÇÕES INFORMATIZADAS

Uma redação sem papel e fitas

O desenvolvimento de redações informatizadas cresceu muito nos últimos anos, aumentando a rapidez de acesso e edição das notícias. Elas facilitaram as condições de trabalho dos jornalistas, aumentando sua eficiência, reduzindo o uso do papel, tornando as informações acessíveis para um maior número de usuários e permitindo a busca rápida de qualquer dado armazenado em poderosos computadores. Esses equipamentos, que permitem o surgimento de ambientes de trabalho sem papel ou fitas, estão se tornando cada vez mais econômicos e acessíveis (ver Ilustração 7.7 (*a*) *e* (*b*), p.92).

Ilustração 7.7 — Dois tipos de redação computadorizada.
A ilustração 7.7 (a) (acima) mostra uma rádio local da BBC, com o sistema Basys que lista as notícias que podem ser acessadas. A Ilustração 7.7 (b) mostra uma corajosa tentativa de acabar com os papéis na redação da Essex FM!

Várias empresas que trabalham com tecnologia de ponta na área da informática têm ouvido as reclamações dos jornalistas de rádio e compreendido suas necessidades específicas. Elas vêm adaptando as formas dos seus *hardwares* e criando *softwares* para serem usados por pessoas que exigem padrões técnicos mais refinados e que vão além da digitação e do uso do *mouse*.

O sistema de computadores mais usado pelas emissoras comerciais e pela BBC é o Basys. Ele recebe todo o noticiário sonoro e os textos fornecidos pelas agências de notícias, ao mesmo tempo em que permite o acesso dos jornalistas das emissoras locais a outras redações nacionais ou regionais de rádio. Uma vantagem para os radiojornalistas locais é que eles podem ter acesso ao trabalho dos seus colegas (e dos seus contatos) em qualquer outro lugar fora da redação. Por exemplo, um jornalista da BBC Essex em Chelmsford pode ver a produção do noticiário que está sendo preparada para o jornal da emissora regional de televisão de Norwich.

Uma redação computadorizada consiste de dois elementos: um editor digital e um processador de textos de alta qualidade.

Muitos sistemas captam os dados das agências, como a IRN, fornecidos tanto em texto como em som. Os dados são organizados por categoria,

armazenados e classificados automaticamente em listas de assuntos preparadas especialmente para esse fim, permitindo um rápido acesso às notícias.
Você pode reescrever um texto ou editar uma sonora na tela de um computador, ao mesmo tempo que os dados estão sendo classificados ou atualizados e outras pessoas estão usando os mesmos trechos do texto ou do áudio.
O editor de notícias pode montar um boletim na tela, sabendo o tempo total
de sua duração e alterar a seqüência das informações até a hora do fechamento.

O material pode ser impresso para a leitura tradicional dos locutores ou
pode ser lido diretamente do computador, com os trechos gravados sendo
acionados pelo *mouse* ou por toques na tela. Depois do boletim, os textos e
as gravações podem ser arquivados, assim como informações sobre as
matérias feitas por *free lances* podem ser transferidas automaticamente
para o setor administrativo da emissora para que sejam efetuados os respec-
tivos pagamentos. Muitos sistemas têm capacidade para armazenar também uma ampla e atualizada relação de contatos que podem ser acessados
por qualquer pessoa da redação.

As redações computadorizadas podem ainda receber gravações e textos por meio de linhas telefônicas digitalizadas chamadas circuitos ISDN
(Integrated Services Digital Network) capazes de fazer circular uma grande quantidade de sinais em estéreo pelo mundo todo. Além disso, algumas
das maiores redações possuem equipamentos portáteis de auto-edição para
uso dos repórteres. Um sistema, usado pela IRN, é chamado DAVE (Digital
Audio Visual Editing). Ele permite que a edição seja feita na tela quando o
repórter está longe da redação. É um equipamento menor do que uma pasta
de mão, e pode ser conectado com o computador central da redação via ISDN,
com um aparelho de fax ou com uma linha que dê acesso às transmissões
via satélite.

Boletins "virtuais"

Um modo ainda mais revolucionário de aplicação das novas tecnologias ao rádio se dá com a criação dos boletins de notícias "virtuais".
Algumas emissoras comerciais estão fazendo experiências dentro desse
novo conceito, em que um boletim de notícias completo pode ser colocado
no ar diretamente de um computador.

Cada notícia — em forma de texto ou numa combinação de texto e som
— é lida por um apresentador e armazenada individualmente em diferentes
categorias no computador. O boletim é montado a partir de uma lista dessas
categorias. As notícias pré-gravadas e classificadas são rodadas umas
depois das outras, tornando-se um boletim completo. O aparelho que faz

esse trabalho permite, também, que notícias de última hora sejam gravadas e inseridas no boletim.

Para muitos jornalistas tradicionais, gravar boletins é um sacrilégio: as notícias devem ser dadas ao vivo. Contudo, o boletim "virtual" é particularmente útil e eficiente em situações nas quais a emissora transmite em FM e AM, por exemplo. Em vez de colocar no ar dois boletins ao vivo, um em cada freqüência, pode ser produzido apenas um boletim para ambas as emissoras, com uma parte separada em cada um deles para atender ao público específico que elas atingem.

O estúdio

Um estúdio de rádio usa vários equipamentos relativos à produção e à transmissão dos sons. Entre eles estão:

- microfones;
- CDs;
- fitas e cartuchos;
- discos rígidos digitalizados;
- linhas telefônicas.

O estúdio reúne e combina todas as fontes de som, transformando-os em sinais de rádio que são enviados aos transmissores. A utilização desses recursos depende dos objetivos de cada estúdio.

Um estúdio de jornalismo necessita só de um microfone, como condição mínima para funcionar. A forma de operação tradicional consiste em ter um microfone "aberto" e outro "fechado", controlados de outro lugar (a "sala de controle") onde o operador também pode trabalhar com os outros recursos técnicos disponíveis.

Esse sistema vem sendo substituído por um tipo de estúdio de jornalismo mais complexo, para ser operado totalmente pelo apresentador dos jornais.

Ele contém pelo menos um microfone, um acionador de cartuchos (provavelmente de três entradas, conhecido como *triple-stack*) e um pequeno misturador para combinar as fontes sonoras no ar. Nos mais modernos estúdios com tecnologia digital, o acionador de cartuchos está sendo substituído por um sistema computadorizado que roda as sonoras armazenadas no disco rígido por um toque na tela, com o *mouse* ou pelo teclado.

Um estúdio mais bem equipado conta também com mais microfones, com a possibilidade de transmitir e gravar sons em cartuchos ou diretamente no disco rígido, com um gravador de rolo, com um equalizador para as linhas telefônicas e com os meios necessários para se comunicar com outro estúdio ou com unidades externas (Ilustração 7.8).

Estúdios desse tipo podem ser usados não só para boletins ao vivo, mas também para gravar entrevistas e cartuchos (ou do microfone ou de gravadores), conduzir entrevistas pelo telefone, gravar boletins e editar gravações em aparelhos de rolo ou na tela de computadores. Um segundo microfone também torna mais fácil uma apresentação ao vivo, reunindo o apresentador do boletim e um repórter no estúdio.

Ilustração 7.8 — O estúdio da BBC, em Essex, Chelmsford, com o apresentador Dave Monk e a produtora Alison Hartley (à direita) e as convidadas. Note os gravadores de rolo em primeiro plano e o aumento do uso de computadores.

As possibilidades de escolha de microfones para jornalismo são pequenas, com alguns modelos já provados tendendo a dominar o mercado. Eles incluem o Beyer M201 e o AKG D202, de tipo direcional, que tem bom desempenho. Os microfones não-direcionais não são bons para os novos estúdios de jornalismo. Eles podem captar sons vindos de fontes não desejadas. Muitos estúdios modernos — especialmente das rádios comerciais — possuem também um processador de áudio para aumentar a potência do som, não só dos microfones, como também das fontes sonoras, o que dá mais clareza à transmissão. Um microfone direcional, contudo, é muito mais sensível, e você precisa manter sempre uma distância correta ao utilizá-lo — se ficar muito longe o som sairá fraco e distante; se se aproximar demais, o som vai sair "pipocado" e abafado.

O estúdio possui também uma unidade de balanceamento telefônico. São aparelhos instalados na mesa de operação técnica, que regulam a qualidade de uma chamada telefônica, para que ela seja gravada ou transmitida ao vivo.

SONORAS*

Uma gravação de um evento ou de uma entrevista é normalmente chamada de "áudio", na rádio independente, e de "atualidade" na BBC. Ela torna o boletim mais vivo e você deve tentar usar esse recurso toda vez que ele se justificar.

Uma sonora pode ter as mais variadas durações: um trecho de 17 segundos do primeiro-ministro discursando no Parlamento, ou de uma entrevista com o chefe dos bombeiros responsável pelo resgate das vítimas de um acidente de trem feita no local.

Lembre-se, contudo, de que a sonora deve sempre acrescentar alguma coisa à notícia. Pense cuidadosamente no conteúdo do trecho que será utilizado e de que forma ele se encaixará no conjunto da história. Não use uma sonora só porque você acha esse recurso bonito ou para provar que esteve no local do acontecimento.

A qualidade do som

Tenha cuidado com a qualidade do som. Se ele não estiver suficientemente bom, não o use. Evite sentir-se compelido a usar um trecho de uma sonora com som ruim só porque o seu esforço para produzi-la foi grande. Lembre-se de que se você teve dificuldades em entender o que estava sendo dito, ao ouvir a gravação, imagine o que acontecerá na hora em que ela for ouvida num rádio. Com certeza, ficará incompreensível.

Uma gravação deve ser entendida claramente na primeira vez em que é ouvida. Se tiver de gastar dois ou três segundos tentando entender o que está sendo dito, você falhou. Então é muito melhor que sua notícia chegue ao ouvinte na forma de um texto, do que transmiti-la por meio de uma sonora de baixa qualidade e de difícil compreensão.

Edição

Ouça com atenção a parte gravada do noticiário que você selecionou e certifique-se de que todas as palavras nele contidas são essenciais. Corte

---

* No Brasil é chamada de sonora, particularmente na televisão. (N. do T.)

todas as engasgadas, os vícios de linguagem, os "ehhhs..." ou os "hunnns...",
mas tenha cuidado para não tornar a sonora artificial, ficando atento para que
a edição não quebre os ruídos de fundo que fazem parte do ambiente em
que ela foi produzida. Tenha certeza de que todas as partes editadas estão
"limpas", com as pausas de respiração colocadas de maneira correta.

Transferência

O processo de transferência consiste da passagem de um trecho de uma
sonora de um gravador para outro. Isso pode ser feito de um gravador de fita
cassete para um gravador de rolo, no sistema analógico, ou de uma fita DAT
para o disco rígido de um computador quando se tratar de uma redação
informatizada.

Níveis e equalização

A importância de bons níveis no volume das sonoras não pode ser subes-
timada. É um desperdício perder tempo e esforço preparando uma reportagem que será mal ouvida por causa do volume alto, baixo ou distorcido.

Ao passar uma gravação para um cartucho é muito importante que o
nível do volume esteja regulado corretamente. Isso quer dizer que quando
a gravação começar a rodar não deve haver necessidade de nenhum ajuste.

Esses níveis são medidos no estúdio por um aparelho conhecido como
medidor de volume ou PPM.* Cada emissora tem uma regra própria para
estabelecer o volume máximo dos seus programas, mas normalmente você
pode estabelecer como PPM 5,25 do som mais alto. Gravações telefônicas
têm faixas de freqüência muito estreitas, então, o PPM para elas é ligeiramente mais elevado, aumentando para 6. O efeito no volume é o mesmo (ver
Ilustração 7.9, p.98).

A equalização dos sons no estúdio pode ser uma grande ajuda ou um
grande perigo. Ela funciona como um importante controle de tonalidade,
semelhante, porém mais sofisticado do que os botões de graves e agudos
existentes nos aparelhos de som domésticos. Você deve usá-la, por exemplo, para retirar da fita sinais de alta freqüência, como silvos, ou de baixa
freqüência, como os causados por um sistema de ar-condicionado. Também
é utilizada para ajustar o tom das vozes. Contudo, você deve ter cuidado e
saber o que está fazendo. Às vezes, ao tentar ajustar esse níveis, você pode
acabar produzindo uma sonora abafada, que vai apresentar o mesmo pro-

---

* Sigla em inglês de Peal Programme Meter. (N. do T.)

Ilustração 7.9 — Os aparelhos PPM numa central de transmissão local da BBC. Da esquerda para a direita, o *prefade*,* a saída da mesa e a saída da estação.

blema daqueles que tinham níveis altos ou baixos, ou seja, o ouvinte vai ter dificuldade de entender o que será transmitido.

O telefone e a qualidade do som

Há duas teorias a esse respeito. É comum aceitar-se a idéia de que a qualidade do som de uma gravação produzida diretamente, em entrevistas "cara a cara", tem melhor qualidade técnica do que aquelas realizadas pelo telefone. Lembre-se de que os sons de fundo numa entrevista melhoram o conjunto do trabalho, transportando o ouvinte para a atmosfera do local, como um escritório ou repartição pública cheia de gente, uma fábrica em funcionamento ou o trânsito congestionado. Eles dão a sensação de movimento. No entanto, quando o ruído de fundo for excessivo, é necessário achar um lugar silencioso para gravar a entrevista. Dessa forma, o som torna-se semelhante ao daquele gravado num estúdio. Se, por um lado, a sonora ganha em clareza, perde em "clima", reduzindo sua possibilidade de ter destaque dentro do noticiário.

---

* Ver Glossário.

Gravações telefônicas são vistas, por sua vez, como um recurso preguiçoso e barato de se fazer uma entrevista, evitando perda tempo e gastos com o deslocamento do repórter até o local do acontecimento. Essa não é, necessariamente, uma verdade, e há justificativas editoriais para se fazer entrevistas dessa forma.

Pesquisa recente mostra que os ouvintes não levam muito em consideração o fato de a entrevista estar sendo feita pelo telefone. Na verdade, eles entendem que a notícia é mais "imediata" quando transmitida pelo telefone. Ela soa como se você tivesse reagido simultaneamente a uma informação que chegou naquele instante à emissora, o que é bem diferente da sensação que uma reportagem externa pode passar, pois requer planejamento, deslocamento de uma equipe e muito tempo gasto.

A gravação de entrevistas realizadas pelo telefone não só dá à rádio maior vantagem sobre os demais meios de comunicação — a instantaneidade — como também permite uma boa redução de custos de produção, principalmente para pequenas emissoras que trabalham com equipes reduzidas e orçamentos limitados.

CapÍtulo 8

ENTREVISTAS

TIPOS DE ENTREVISTA

O objetivo de uma entrevista é produzir uma sonora para ser transmitida. Essa sonora pode ser "ao vivo" ou gravada. Se for gravada — o que é mais comum — resultará numa matéria que pode ter de quinze segundos a alguns minutos. Pode ser usada em boletins, programas jornalísticos ou documentários. A despeito desses usos variados, os princípios de uma boa entrevista são os mesmos. Porém, antes de começar, você deve ter uma idéia clara do tipo de entrevista que quer fazer.

A entrevista informal

A entrevista informal é fundamental para revelar fatos ou informações. Por exemplo: "Quantas ambulâncias estão fora de serviço por problemas de manutenção?", "Que posição você acha que o seu deputado terá na votação decisiva desta noite no Parlamento?", "Por que não colocaram areia nas estradas antes da última nevasca?".

Repare em algumas das palavras usadas acima. São palavras cruciais, usadas quando você está fazendo perguntas: *O que, onde, quem, como, por que* e *quando*. As questões iniciadas com essas palavras provocam respostas que não se limitam a um simples "sim" ou "não" do entrevistado, e é por isso que elas são mais comumente usadas no rádio. São conhecidas como "questões abertas". Perguntas "fechadas" como "Você acha que as rodovias do Estado tinham areia suficiente durante a nevasca de ontem?" podem levar o entrevistado a responder simplesmente "sim" ou "não". Para atingir o objetivo da entrevista, que é o de revelar informações novas, as perguntas devem ser curtas, diretas e "abertas".

A entrevista interpretativa

A entrevista interpretativa é um pouco diferente. O entrevistado precisa interpretar alguns fatos que já são conhecidos do público. O *fato* é que as taxas de juros estão subindo outra vez; pode-se perguntar a um especialista em finanças que *efeito* isso terá nas prestações da casa própria. Você pode fazer a pergunta usando a palavra "que". Nesse caso, você não estará se referindo a uma situação existente; o especialista está sendo questionado para olhar para o futuro e traçar um quadro de probabilidades, baseado no conhecimento que ele tem de situações semelhantes já verificadas anteriormente.

A entrevista emocional

A entrevista emocional é, sem dúvida, a mais complicada. Bons repórteres sabem como cobrir as diferentes formas de manifestações emocionais. Há a alegria do esportista que bateu novo recorde; a angústia da mãe que procura a filha desaparecida; a raiva do homem agredido e roubado. Numa entrevista emocional, certa dose de silêncio fala mais do que muitas palavras, com as pausas servindo para que o entrevistado arrume seus pensamentos em meio à grande agitação mental.

Algumas vezes, os jornalistas são criticados por expor em público sentimentos de pessoas que estão em apuro ou desesperadas. Na verdade, ninguém deve ser obrigado a falar o que não quer, mas sabe-se de pessoas que têm seu sofrimento aliviado quando podem revelá-los publicamente. Depois de um grande desastre de trem ou de um acidente rodoviário há sempre sobreviventes ansiosos por contar sua história. Muitas vezes, o ato de descrever as dificuldades em escapar do acidente contribui para reduzir o choque sofrido. Contudo, são imperdoáveis as atitudes de uma minoria de repórteres — a maioria de jornais — que, sem dúvida, ultrapassam os limites da decência na busca desenfreada por conseguir uma história trágica e sensacionalista. O jornalista não tem o direito de provocar uma dor extra em pessoas que já estão sofrendo muito.

A PREPARAÇÃO DA ENTREVISTA

Se você quer fazer perguntas pertinentes, é necessário conhecer alguma coisa a respeito do assunto que vai ser tratado na entrevista. Isso não quer dizer que você tenha de se tornar um especialista, mas alguns minutos de pesquisa antes de começar as perguntas é sempre importante.

No entanto, às vezes você pode ser obrigado a fazer uma entrevista sem ter tempo para preparar coisa alguma. Nesse caso, *faça do seu entrevistado* sua fonte de pesquisa. Digamos que você tenha de entrevistar um vendedor de uma loja que está num piquete de greve. Você não sabe nada além do seu nome, do nome do seu empregador e do sindicato ao qual ele é filiado. Se você lhe pedir algumas informações, antes de começar a entrevista, ele poderá admirar sua honestidade ou desprezá-lo por sua falta de conhecimento; contudo, isso é inevitável e deve ser feito. Então, comece com uma questão abrangente: "Por que você acha que a greve é a única alternativa neste momento?". É quase impossível que a resposta não contenha uma referência à última oferta feita pelos empregadores! Agora que sabe que a última oferta foi um reajuste de 12%, você pode perguntar o que seria aceitável, e assim por diante. A conversa começou.

O local da entrevista

Você pode fazer uma entrevista praticamente em qualquer lugar. Muitas são gravadas, mas mesmo entrevistas ao vivo podem ser realizadas em muitos lugares fora do estúdio. Quando você tem um local externo, utilize o máximo possível as oportunidades que existem para incluir efeitos sonoros, quando isso for importante. Alguns entrevistados bem-intencionados podem oferecer "uma sala silenciosa" para fazer a entrevista. Só que essas salas nunca são tão silenciosas assim, a menos que tenham sido construídas para serem estúdios de rádio. É comum existirem salas em escritórios e fábricas, pintadas com grossas camadas de tinta a óleo ou decoradas com objetos pesados de metal. O resultado de uma gravação feita num ambiente desses vai soar como se tivesse sido feita junto a uma piscina coberta, com muitos ecos.

A sala silenciosa, mesmo que ela esteja razoavelmente bem mobiliada e com alguma proteção acústica, ainda tem um grave defeito: é muito monótona. O objetivo de fazer uma entrevista fora do estúdio é pintar um quadro do ambiente para o ouvinte. Nossas cores são o som e nosso pincel é o microfone, mas os princípios são os mesmos do artista plástico. Por isso, é importante entrevistar um administrador de aeroporto tendo como som de fundo o ruído dos jatos manobrando na pista; um operário junto da linha de montagem de uma fábrica de automóveis, ou uma professora com crianças brincando ao redor (se o sino da escola tocar, prossiga — isso vai dar um charme ainda maior à entrevista!).

Se tudo isso falhar, ainda assim mantenha a entrevista num ambiente externo. Passarinhos cantando, tráfego distante, passos, folhas ao vento fazem uma combinação de elementos sonoros que são chamados de som ambiente. Existe um conjunto de sons externos gravados pela BBC que servem para criar essa atmosfera nas gravações feitas no estúdio. O som ambiente é um fenômeno curioso — nós simplesmente não o percebemos na realidade, mas ele cresce e parece saltar para fora do rádio quando é transmitido.

Você precisa ter clareza de alguns perigos existentes no uso desses efeitos. Não os deixe muito altos, sob o risco de sua entrevista ficar encoberta por eles. O seu entrevistado poderá se distrair ou sentir-se obrigado a falar muito mais alto. Perceba que um som contínuo, como o de tráfego, vai fazer com que uma edição seja quase impossível. E não fique tentado a colocar sons que não são os do local da entrevista! Por isso, é conveniente sempre gravar algum som extra depois da entrevista — você pode utilizá-lo, por exemplo, colocando meio minuto de som ambiente sem voz. Isso pode ser útil se for inevitável ter de fazer uma montagem. Ele pode ser introduzido na gravação principal para cobrir um corte de edição, ou ser usado ainda para ligar dois momentos de um mesmo boletim.

"O que você comeu no café da manhã...?"

Essa pergunta faz parte de uma lição da rádio-reportagem. Iniciantes — e alguns veteranos — pensam que fazendo esse tipo de pergunta ao entrevistado vão deixá-lo mais à vontade para gravar e continuar a conversa. Isso não é verdade e deve ser evitado, especialmente depois que um famoso político respondeu : "Um repórter!". É mais prático perguntar ao entrevistado o seu nome e o seu cargo. Com isso você começa a conversa num nível mais elevado e obtém informações que podem ser úteis para a entrevista. Não confie só nos crachás; eles podem não estar visíveis em momentos importantes.

Se você tiver tempo, uma conversa informal antes da entrevista sempre ajuda. Isso dá ao entrevistado a oportunidade de saber sobre o que ele vai falar, a menos que o assunto seja óbvio. Você pode obter, também, nesse momento, um pouco mais de informações. Mas não deixe o entrevistado insistir em ter uma lista de perguntas antecipadamente. Você não pode se comprometer em perguntar somente algumas coisas previamente combinadas. Se você fizer isso deixará de lado a oportunidade de fazer a entrevista crescer com a introdução de assuntos surgidos durante a sua realização.

Não procure discutir com muita profundidade o assunto da entrevista com o entrevistado, antes de iniciá-la realmente. Muitas vezes você acaba tendo o melhor material com o gravador desligado. E há ainda o risco de o entrevistado dizer na gravação "...como te disse antes", só que esse "antes" não foi gravado e o ouvinte fica sem saber do que se trata.

A linguagem do corpo

É claro que todos devem usar palavras compatíveis com o rádio. Mas existe uma outra espécie de linguagem — a do corpo. O entrevistado pode revelar, sem querer, várias coisas sobre seu estado de espírito por meio de da sua postura. Braços cruzados podem ser um sinal de que ele está se defendendo; torcer as mãos, cruzar as pernas ou tamborilar com os dedos podem revelar vários estados de tensão. As batidas na mesa devem ser gentilmente interrompidas pelo repórter. Elas provavelmente irão comprometer a qualidade da gravação. Tenha cuidado com o jeito de segurar o microfone. Não mexa muito os dedos e, se você usar anéis, retire-os antes da entrevista para evitar o atrito com o microfone. Evite também encostar o microfone no nariz do entrevistado, o que, convenhamos, é bastante desagradável. Tente manter o microfone um pouco abaixo do queixo dele (Ilustração 8.1).

Ilustração 8.1 — Mantenha o microfone numa altura abaixo do queixo do entrevistado para permitir um bom contato visual com ele.

TÉCNICAS DE ENTREVISTA

As perguntas que você faz devem estimular o entrevistado a falar. Esse é o seu trabalho, porém não fique tentado a dominar a conversa. O ouvinte quer ouvir a voz do entrevistado e não a do entrevistador. Eis algumas normas gerais que podem evitar erros muito comuns.

O olhar

Estimule seu entrevistado com o olhar; isso torna o contato mais amigável. No entanto, um desvio de olhos pode gerar desconfiança e até agressividade. Use acenos de cabeça para mostrar que você está ouvindo e entendendo as respostas. Nunca diga "sim..." ou "é isso..." ou outros meios audíveis de estímulo que usamos normalmente nas conversas. Essas palavras se tornarão um aborrecimento quando você for ouvir a gravação. Se você precisar dar uma olhada no gravador durante a entrevista — para confirmar se o nível do volume está bom ou se a fita está mesmo rodando — faça-o rapidamente e volte logo o seu olhar para o entrevistado. Ele ficará desconcertado se você ficar olhando para outra coisa durante muito tempo. Poderá pensar que você não agüenta mais ouvi-lo!

Ouvir as respostas

Ouvir as respostas é um bom argumento contra perguntas combinadas. Você *deve* ouvir o que o entrevistado tem a dizer.

ENTREVISTADO: "Assim, um homem como eu, com mais de dois metros de altura, tem um grande problema para achar roupas que lhe caiam bem".
REPÓRTER: (sem ouvir): "Qual é a sua altura?".

Perguntar uma coisa de cada vez

Faça um esforço para *não* divagar:

REPÓRTER: "Você quer dizer, então, que os motoristas de ônibus não têm recebido o suficiente para viver, isto é, que eles estão dizendo que são mal remunerados, então eles pensam em tomar uma atitude — bem... eles vão entrar em greve?"

Não faça duas ou mais perguntas de uma vez:

REPÓRTER: "É verdade que a preparação das estradas para o último inverno custou ao Estado 30 mil libras e ainda assim vocês tiveram de usar sal e areia?".

Não inicie perguntas com alternativas, nem pare no meio da frase:

REPÓRTER: "Vocês estão recomendando que as vítimas procurem a polícia, a Prefeitura, o escritório de ajuda aos cidadãos ou...?".

Tente não interromper seu entrevistado, a menos que ele não pare de falar até que você intervenha. As interrupções geralmente não soam bem para o ouvinte e são difíceis de editar, principalmente quando as entrevistas são feitas para boletins curtos.

Se você tiver dúvida sobre as perguntas que deve fazer, lembre-se do básico: *o que, onde, quem, como, por que* e *quando*. Por exemplo: "O que aconteceu?"; "Onde foi o acidente?"; "Quem está envolvido"; "Quantas pessoas foram feridas?"; "Por que o ônibus capotou?"; "Quando a estrada será liberada?". Não existe nenhuma ordem de prioridade. Tudo depende das circunstâncias. Entretanto, esse tipo de perguntas básicas vai lhe dar informações rapidamente. Depois você fará as perguntas complementares que forem necessárias.

Perguntas iniciais

São perguntas para estimular respostas mais seguras e encaminhar a entrevista para as questões mais importantes. No entanto, não exagere nessas perguntas, porque você corre o risco de colocar palavras suas na boca do entrevistado. Cuidado, também, porque elas são necessariamente do tipo "fechado", que podem ser respondidas por um "sim" ou por um "não". "Então, você disse que as mães devem ter cuidados extras com as crianças?"; "Você está muito zangado com essa decisão?".

Perguntas-clichê

Pense antes de fazer perguntas. Cada questão que você fizer deve ter um objetivo específico. Não se deixe levar pela facilidade de fazer perguntas óbvias:

REPÓRTER: (para uma mulher aos prantos): "Como você está se sentindo...?".

A duração da entrevista

Não prolongue a entrevista mais do que o necessário. Lembre-se de que você deverá ouvir todo o seu conteúdo mais tarde. Se você tiver trinta segundos para colocá-la no ar, quinze minutos é muito tempo de entrevista. Dez ainda é um exagero, e cinco mais do que suficiente. Quando você estiver gravando e ouvir o entrevistado falar o que é mais importante na notícia, trate de encerrar a conversa o mais rápido possível, principalmente se você tiver de colocá-la no ar logo depois. Não é necessário ficar esperando que ele diga algo ainda melhor.

Agradecimentos

Agradeça ao seu entrevistado. É uma boa forma de relações públicas e um gesto habitual de cortesia. Lembre-se de que você pode precisar falar com aquela pessoa outra vez, no futuro.

ENTREVISTAS ESPECIAIS

Entrevistas ao vivo

As entrevistas ao vivo são difíceis. Às vezes você pode ter só um minuto dentro de um boletim. É preciso ser ligeiro. Faça questões básicas e curtas. Nesse tipo de entrevista é quase sempre inevitável ter de interromper o entrevistado, senão ele pode usar todo o tempo disponível para responder a uma só pergunta. Concentre-se na informação central para evitar dispersões.

"O povo fala"

São as entrevistas feitas com populares, na rua, sobre assuntos leves como o Dia dos Namorados, ou repercutindo notícias de amplo interesse, como uma redução de impostos.

Um bom "povo fala" consiste de rápidas declarações de pessoas escolhidas ao acaso, na rua, e editadas juntas, de forma bem clara, seguidas de comentários sobre o assunto. Tente variar os entrevistados entre jovens e idosos, homens e mulheres. A pergunta deve ficar bem clara já no texto de abertura da matéria. Na rua, mantenha sempre a mesma pergunta e não se deixe atrair pela possibilidade de fazer uma entrevista mais longa com qualquer pessoa. Os nomes dos entrevistados não são necessários, assim como o do repórter. Eis um exemplo de abertura de um "povo fala", adaptado de um texto utilizado por uma emissora de rádio depois do nascimento de um membro da família real: "A filha recém-nascida da princesa Sharon foi registrada como Tracey Jane Frances Victoria. Essa escolha quebra uma tradição, uma vez que nunca um membro da família real recebeu o nome de Tracey. Nós fomos às ruas saber o que a população acha disso...".

Se houve uma clara maioria de opinião para um dos lados, num tema controvertido, você deve deixar clara essa tendência. Se a maioria das pessoas se manifestar contra a idéia de existir uma princesa chamada Tracey, então grande parte da sua abertura deve expressar essa oposição geral. Escolha uma declaração que tem algum humor para encerrar, se isso for possível.

Lembre-se: ninguém gosta de ser abordado aleatoriamente por um repórter de rádio. Mantenha seu sorriso, seja gentil e não insista com pessoas que não querem falar. Se você criar uma situação constrangedora, isso pode prejudicar o nome de sua emissora e a polícia poderá convidá-lo a "circular".

Entrevistas coletivas

As entrevistas coletivas podem ser um "salve-se quem puder". Algumas são relativamente bem organizadas em salas de conferência — às vezes, até mesmo numa igreja. Outras, são improvisadas nas calçadas, quando, por exemplo, um VIP sai de uma importante reunião. Não se iniba e entre no bolo. Você e o seu microfone têm o mesmo direito de qualquer outro repórter. Equipes de televisão podem não gostar muito de ver o seu microfone em foco, mas colocá-lo ali é o seu papel. Por outro lado, não bloqueie propositadamente a visão deles com a sua cabeça.

Às vezes o VIP está dizendo alguma coisa e o seu microfone sai da frente da boca dele. Lembre-se: você precisa da notícia, assim como qualquer outro repórter. Então, seja duro com os colegas que o estão empurrando para fora do centro do bolo só porque você é "apenas de uma rádio local". Infelizmente, há alguns repórteres que agem assim, achando que são mais importantes. Não se intimide. Nesse jogo todos são iguais.

Nas coletivas mais organizadas, não hesite em solicitar algum tipo de auxílio para o seu trabalho. Os organizadores podem não saber quais as necessidades de uma emissora de rádio, e acreditar que as perguntas feitas pelos jornalistas sentados numa platéia já são suficientes. Isso pode ser verdade para os profissionais que trabalham em jornais ou revistas. É comum, nessas ocasiões, a organização de um *pool* de entrevistadores. Todos os repórteres de rádio gravam tudo, e cada um faz uma ou duas perguntas. Não lamente se o resultado for uma mistura de vozes perguntando, incluindo repórteres de emissoras concorrentes. Consulte seu editor naturalmente, mas, no geral, essas entrevistas são movimentadas e mostram muito dinamismo, o que pode dar uma boa sonora para ir ao ar.

Estúdios externos

Os estúdios externos são comuns nas rádios locais e estão freqüentemente situados nos centros cívicos ou em outros edifícios públicos na cidade, distantes da sede da emissora. São os estúdios improvisados (algumas vezes chamados de "remotos"), conectados com a estação central por uma linha telefônica ou pelo ISDN, que garante boa qualidade de transmissão.

A redação, muitas vezes, pede ao entrevistado que vá a esse tipo de estúdio por conta própria e ligue os equipamentos para ser colocado "na linha". Há sempre um microfone, um telefone e normalmente um amplificador simples. As instruções devem ser claras sobre o que deve ser ligado e qual o número telefônico a ser chamado para que o entrevistado entre em contato com a redação.

A voz do entrevistado é transmitida para a emissora por meio de uma linha de boa qualidade. Normalmente as perguntas são feitas pelo telefone. Se elas forem feitas pelo microfone, o resultado final da entrevista será melhor, mesmo que entrevistador e entrevistado estejam separados por trinta ou quarenta quilômetros de distância.

CAPÍTULO 9

A REPORTAGEM

O REPÓRTER DE RÁDIO

A imagem tradicional do repórter é de uma figura vestida com uma capa de chuva amassada, com um pé numa porta, caderno de anotações na mão, perguntando "O que você está escondendo?" ou reclamando "O público tem o direito de saber". Se esse tipo de repórter existe, não há lugar para ele no rádio. Os repórteres de rádio não fazem ameaças, nem intimidam os entrevistados. Não recorrem a subterfúgios ou subornos. Procuram também se vestir de forma elegante, porque nunca sabem para onde serão enviados. O primeiro-ministro não vai querer ser entrevistado por um desleixado.

O trabalho do repórter é obter informações, colocá-las em ordem e transmiti-las pelo rádio — rapidamente. Os repórteres de rádio sabem onde ir e com quem falar para obter informações. Eles têm um "faro instintivo" para as notícias, fazem muitas perguntas, têm um entusiasmo muito grande e nunca param antes de conseguir o que querem.

O repórter precisa manter também um pouco de ceticismo e desconfiança. Ele deve aceitar com restrições o que está muito evidente e perceber, algumas vezes, aquilo que está escondido por trás de um comentário fortuito, um fato isolado, algumas frases obscuras ou um silêncio oficial. São situações que podem revelar grandes negócios, antes escondidos.

Hoje em dia, já é comum na BBC, e nas grandes emissoras comerciais, a contratação de repórteres em tempo integral. Nas estações comerciais de tamanho médio e nas pequenas rádios comunitárias espera-se que os repórteres acumulem também as funções de redatores e editores dos boletins. A reportagem é apenas uma parte do trabalho. Mas, entre todas as tarefas jornalísticas, provavelmente é a mais essencial.

A preparação

Bons repórteres fazem seu "trabalho de casa" antes de sair atrás da notícia. Eles sabem em que contexto se situa a informação que vai ser transmitida. Para isso, é preciso estar sempre bem informado, verificando entrevistas e notícias dadas anteriormente, quando existirem. Ao ser escalado para fazer determinada reportagem, o repórter costuma receber um resumo do assunto que deve ser coberto. Pode ser um conjunto de cópias das notícias produzidas anteriormente sobre o mesmo assunto, ou, de forma mais simples, os nomes, endereços e números de telefones das pessoas relacionadas com o caso. É importante reunir o maior número de informações possível sobre a matéria que vai ser feita, dentro dos limites de tempo existentes, antes de sair para a rua.

Lembre-se: A hora de dirigir um carro é também um bom momento para pensar (respeitando as normas de segurança!). Enquanto estiver se dirigindo para o local da sua reportagem, pense sobre o que você quer, quais são as suas expectativas e como você irá abordar o seu entrevistado. Por um momento, esqueça tudo o que você falou e pergunte a si mesmo: essa reportagem é sobre o quê mesmo?

Previsão

Há dois tipos básicos de reportagem. O primeiro é parte da rotina diária — um evento, uma entrevista, uma solenidade, comunicadas com antecedência à redação, normalmente por um *press release* ou por um telefonema. Para isso, você precisa se armar com uma boa quantidade de textos, lê-los e, o mais importante, entendê-los.

Decida-se sobre o que você está pretendendo da entrevista e de que forma ela deverá ser levada ao ar (embora algumas vezes essa decisão não seja sua). Por exemplo, a cobertura do lançamento de um novo serviço de aconselhamento para pessoas com problemas de depressão deve produzir um boletim de 35 segundos, uma sonora complementar e ainda uma matéria de quatro minutos para um outro programa jornalístico.

Você também deve saber em que horários as diferentes matérias são esperadas na emissora, e de que forma elas serão aproveitadas. Você pode mandar uma nota para o boletim das catorze horas e uma informação mais completa para o noticiário das dezesseis horas. Ou, se a matéria não for tão importante, simplesmente poderá ser deixada para o noticiário da manhã seguinte.

Nesses casos, as decisões sobre quando e onde as matérias vão ao ar são tomadas com antecedência. Algumas vezes, no entanto, quando você estiver de posse de uma entrevista importante ou tiver conseguido produzir uma sonora especial, torna-se necessário ligar para a redação para comunicar isso. Esse trabalho pode ser colocado no boletim mais próximo.

O outro tipo de trabalho é o de reação imediata a um acontecimento. Uma bomba explodiu, começou um incêndio ou atiraram num policial. Você tem pouco tempo para pensar ou planejar o que será feito a seguir. Você simplesmente vai para o local, o mais rápido possível, e conta os fatos. Se é uma grande notícia que requer cobertura ao vivo, a redação precisa não só enviar o repórter no carro de reportagem, mas, além disso, providenciar permissões de acesso e estacionamento.

Horário de fechamento

É importante que o repórter saiba o que a redação quer e quando quer. O horário de fechamento é fundamental. De nada adianta uma brilhante matéria ou o sensacional depoimento de uma testemunha de determinado acontecimento se o horário do boletim for esquecido. Saiba quais são os prazos de entrega do material antes de deixar a redação. Por incrível que pareça, o resultado do seu trabalho será melhor se houver um horário preciso para entregá-lo, fazendo com que ele seja realizado sob pressão.

Em grandes acontecimentos, é importante manter contato com a redação, o maior tempo possível, para que você possa ser informado das mudanças nos horários de fechamento e nos tipos de matérias propostas. Notícia é sobre o que está acontecendo agora. Por isso, o horário de entrega do trabalho pode ser cinco minutos antes do início do boletim ou mesmo no momento em que ele estiver no ar, possibilitando sua entrada ao vivo, pelo telefone ou pelo rádio do carro. De qualquer forma, garanta que esteja tudo pronto para o horário de fechamento.

No local

O fato está acontecendo, você obteve informações sobre ele, acertou os horários de fechamento, pesquisou todo o contexto, tirou cópias de notícias publicadas anteriormente relacionadas com o caso, lembrou-se de pegar o telefone celular (e ligou-o!), o gravador (com microfones, baterias carregadas e fita!) e se encontra, nesse momento, no meio do trânsito, dirigindo-se para o local do acontecimento. É hora de pensar sobre o que você irá fazer, como fazer e de que forma a notícia vai ser colocada no ar. Você deve continuar ouvindo sua própria emissora ou as concorrentes para ter as informações mais recentes possíveis sobre o caso que irá cobrir.

O que fazer primeiro

Ao chegar ao local de um incêndio, de uma explosão, de um tiroteio ou algo semelhante, avalie a situação. Saiba se o caso está em andamento ou se já acabou. Contate os serviços de emergência. Tente, imediatamente, realizar uma entrevista com um policial ou com um bombeiro. Se for um acontecimento de grandes proporções, ainda em andamento, telefone rapidamente para a redação. Faça um relato da cena, descrevendo o que você pode ver. Depois disso, peça para a redação ligar para os serviços de emergência para saber quem é o responsável pela operação e solicite sua ajuda. Então, pegue o gravador portátil e comece a gravar os ruídos de fundo, para posteriormente usá-los em sua matéria. Grave pelo menos uns dois minutos. Se acontecerem tiros ou explosões, deixe a fita rodando.

Descreva o que está acontecendo da forma como você está podendo ver e ouvir. Não se preocupe se a princípio isso parecer ruim. Quando você ouvir o resultado dessa descrição, feita sem emitir opiniões, ficará surpreso com os resultados. Com o tempo, essa forma de trabalhar se tornará rotineira.

Ilustração 9.1 — O chefe de redação da Essex FM, Peter Stewart, entrevistando uma testemunha de um acontecimento na rua, usando o gravador portátil Sony.

Relatos de testemunhas

É comum, nesses acontecimentos, existir pessoas que estavam passando pelo local e viram o que aconteceu. Tente localizar uma testemunha. Deixe sua fita correndo. Identifique a testemunha e coloque o microfone à sua frente. Muitas pessoas ficam contentes em descrever o que aconteceu, o que viram e fizeram. Você precisará apenas de alguns segundos mais consistentes do relato. Faça perguntas. Ao final, não se esqueça de pedir o nome do entrevistado e de gravá-lo em seu aparelho portátil (Ilustração 9.1).

Conversas com funcionários

Os serviços de emergência realizam um trabalho mais importante que o seu. Eles estão encarregados, em muitos casos, de salvar vidas. Deixe-os trabalhar. Tente não ficar no caminho. Contudo, procure os bombeiros que estão descansando ou os policiais que estão esperando para entrar em ação e observando as cenas, e tente captar suas reações. Eles não estão trabalhando o tempo todo, e você pode, algumas vezes, conseguir informações precisas, mesmo estando um pouco distante do centro dos acontecimentos.

Em geral, trate com funcionários superiores. Se há um assessor de imprensa no local (o que só ocorre normalmente em acidentes de grandes proporções), assegure-se de que ele saiba quem você é e do que precisa. Eles costumam organizar entrevistas no próprio local com funcionários graduados. Procure saber quando e onde isso será feito. Mantenha sempre contato com a redação e transmita o que está acontecendo. Não apague as gravações dos relatos das testemunhas e do som ambiente.

Conversas com outros repórteres

Muitas vezes, a decisão de associar-se ou não ao trabalho das outras equipes de televisão, rádio e jornal que estejam no local do acontecimento não é sua. Normalmente, é melhor trabalhar em grupo e cada um ajudar o outro, mas tenha sempre o cuidado de reservar para si as testemunhas exclusivas que você tem e os outros não viram.

Um *pool* formado para informar é sempre de grande ajuda, especialmente em se tratando de informações oficiais. Ele garante que todos os repórteres transmitirão os mesmos fatos que, aliás, são sagrados e ninguém tem exclusividade sobre eles. Mas depoimentos, comentários e interpretações devem ser apenas seus.

Ilustração 9.2 — Trabalhando com o carro de reportagem utilizado para transmissões ao vivo pela Essex FM e pela The Breeze.

O destaque inicial

Depois ter chegado ao local de um acontecimento de grandes proporções, é importante transmitir alguma informação o mais rapidamente possível.

No ar

É claro que o telefone é o melhor meio de pôr uma notícia no ar rapidamente. O aparelho que permite mais agilidade nessas circunstâncias é o celular ou o telefone do carro. Se você tiver de usar um telefone público, faça-o com o auxílio da telefonista, pedindo chamada a cobrar e solicitando que ela evite ruídos na linha, esclarecendo que você está trabalhando para uma emissora de rádio. Cuidado com alguns tipos mais modernos de telefones públicos em que ligações a cobrar não são aceitas e é impossível silenciar os ruídos. Se você está cobrindo um cerco policial ou outro acontecimento que o obrigue a ficar muito próximo da ação e não tiver acesso a um celular ou a um telefone público, percorra a vizinhança e veja se há um ouvinte que lhe empreste o telefone.

O transmissor de UHF, instalado no carro de reportagem, é a melhor forma de realizar uma transmissão externa com boa qualidade de som. Esses equipamentos variam de uma emissora para outra, mas, no geral, consistem simplesmente de um meio de conectar um microfone e um gravador a um pequeno aparelho de mixagem e enviar o sinal para a estação por meio de uma antena. Ela é erguida por um pequeno motor elétrico, mas antes de acioná-la é fundamental verificar se não existem obstruções para o envio dos sinais, como cabos de energia ou de telefone. Uma vez estabelecida a ligação, o estúdio está em condições de receber os sons com qualidade para colocá-los no ar, ao vivo, ou gravá-los para que sejam transmitidos posteriormente. Algumas emissoras da BBC estão agora equipadas com carros grandes e modernos, dotados de recursos que permitem a realização de programas radiofônicos fora dos estúdios (Ilustrações 9.2 e 9.3).

Ilustração 9.3 — O jornalista sênior Tim Gillet transmitindo ao vivo da perua da BBC em Essex. Notar a antena transmissora telescópica no centro.

O clima da notícia

Em um acontecimento de grande impacto, tente produzir bem sua matéria para transmitir ao ouvinte todo o clima do evento. Se houver tempo, redija um texto a partir das suas anotações. Mas escreva de forma clara. Alguns repórteres ficam atrapalhados e silenciam no meio de uma notícia porque não conseguem ler os seus próprios rabiscos! Tente passar o clima do acontecimento, mas não exagere, sob o risco de se transformar num canastrão. Não grite, mas fale de maneira firme e enérgica. Termine com o fechamento padrão, isto é, "Terry Lawrence, BBC News, Dover" ou da forma estabelecida por sua emissora.

Reportagens ao vivo e perguntas e respostas

Normalmente, sua matéria será gravada. Algumas vezes, no entanto, é melhor e mais excitante entrar ao vivo num boletim ou num programa de notícias. Para isso, antes de mais nada, tenha certeza de que você está com retorno perfeito no fone de ouvido. Saiba também, com segurança, quando você será chamado e quanto tempo poderá ficar no ar. Tente colocar-se num local em que os sons de fundo possam ser ouvidos. Lembre-se, mais uma vez, dos cuidados em se trabalhar com um texto previamente preparado, se isso for possível.

Entrevistas realizadas com perguntas e respostas — P e Rs (na Rádio Independente), "duas mãos" (na BBC) — ocorrem quando o apresentador no estúdio faz perguntas ao repórter que está no local do acontecimento. Se você é um repórter, tenha certeza de estar bem informado e com os dados atualizados sobre o que está ocorrendo. Não tente enrolar só para justificar a entrada ao vivo. Relate os fatos, e não especule. Seja responsável pelo que você diz. Lembre-se de que, num cerco policial, por exemplo, um homem armado pode estar com um rádio sintonizado na sua emissora e através de sua descrição ficar sabendo onde estão colocados os atiradores da polícia. Se for assim, você não estará habilitado a contar aos seus ouvintes a história completa. Você está transmitindo o que está acontecendo, mas não deve influir nos acontecimentos.

Perguntas e respostas devem ser planejadas, sempre que possível. Mas se o apresentador no estúdio lhe perguntar alguma coisa que você não sabe, seja honesto e diga a ele.

Sons do estacionamento

Em certas circunstâncias, para animar uma história ou enriquecer uma notícia, pode-se fazer a gravação fora do estúdio, talvez no próprio estacionamento da emissora, com um gravador portátil. É uma boa solução técnica que dá mais vida à matéria. Contudo, não diga no encerramento padrão da emissora que você está no local do acontecimento. Um dia você pode ser descoberto!

PRODUÇÃO

De volta à redação, tendo classificado todas as reportagens feitas por telefone ou pelo rádio do carro, sua tarefa agora é reunir esse material para transformá-lo numa única matéria. Quando o assunto for importante, a redação pode pedir para você fazer um pequeno boletim e, ainda, um programa mais longo, usando até 45 minutos do material pré-gravado, incluindo aí entrevistas e som ambiente.

Lembre-se de que você está desenhando um quadro, como um artista. O rádio é um teatro imaginário e você dever ser criativo ao usar palavras e sons.

Escolha dos trechos gravados

Há diferentes formas de levar alguma coisa ao ar. Em primeiro lugar, selecione um trecho de uma sonora: 20 ou 25 segundos de uma entrevista. Depois, ouça um trecho alternativo; e em terceiro lugar, coloque tudo junto. Não se esqueça da importância de ouvir tudo o que você gravou, começando durante o trajeto de volta para o estúdio, em seu carro ou no táxi. Isso economiza um tempo precioso de edição, pois você chega à redação com uma idéia clara do que conseguiu e pode prosseguir no trabalho.

Escolha os trechos mais significativos que você gravou. Use-os para emitir opiniões, fazer descrições ou interpretações. No texto, concentre-se nos fatos. Não edite tudo muito junto, tornando a sonora artificial. Ela também não pode ser curta em demasia. Deve ter um tempo que permita ao ouvinte compreendê-la perfeitamente.

Escolha um trecho que tenha começo e fim claros. Em outras palavras, que contenha um pronunciamento completo. Não use um trecho que comece com "mas..." ou "bem..." (se você puder evitar). Tente, na medida do possível, excluir sua própria voz. Com mais prática, você desenvolverá um "ouvido" para sonoras que perceberá essas coisas no instante em que estiver gravando a entrevista. Gaste sempre algum tempo "limpando" a sonora, mas se o entrevistado gaguejar muito, todo o trabalho estará perdido.

Edição das matérias

Primeiro você precisará ouvir toda a entrevista realizada e anotar quais os trechos que quer usar. Escolha-os e depois faça o mesmo com os sons de fundo e com os trechos sem gravação, sendo cuidadoso ao rotular os cartuchos ou nomear os arquivos do computador, para que eles sejam facilmente identificados. Redija seu texto, vá para o estúdio e grave todo esse conjunto no gravador de mesa ou no computador. Você pode ajustar o volume do áudio depois, se for necessário.

Há um outro método para fazer isso. Grava-se tudo numa fita ou no computador, na ordem em que se pretende usar, incluindo a voz do repórter, e então edita-se de uma vez só. A desvantagem é que isso consome mais tempo e dá menos flexibilidade para usar trechos da entrevista em futuras matérias.

Procure saber com exatidão o que se espera do seu trabalho e como ele será aproveitado. Ele pode ser incluído tanto num boletim de notícias como num programa jornalístico, ou em ambos. Você também precisa saber, com precisão, qual a duração que deve ter a matéria e qual será o horário de fechamento.

Tente usar o máximo das gravações de voz e de som ambiente que puder. Afinal, o som é tudo para o rádio. Exiba o som. Quanto mais som, mais o ouvinte se sentirá como se estivesse no local do acontecimento. E não se esqueça da importância da música de fundo ou da abertura da matéria; ela é o produto básico da maioria das emissoras de rádio e um poderoso meio de aproximá-las dos ouvintes.

O texto de abertura

Não inclua nada na pré-gravação da matéria que possa desatualizá-la quando for para o ar. Se isso acontecer, você pode ter certeza de que terá dores de cabeça no momento em que estiver terminando a edição. Mantenha um espaço na abertura da matéria para eventual necessidade de atualização.

É particularmente importante que, quando o material estiver concluído e pronto para ser entregue ao editor do boletim ou do programa jornalístico, seja verificado se ele contém todas as informações técnicas necessárias: a duração, incluindo a deixa de saída, e esteja com as marcações claras, tanto no texto como no cartucho ou no computador. É importante, também, que você tenha certeza de que o tempo de sua matéria está anotado corretamente.

CAPÍTULO 10

A CENTRAL INFORMATIVA

A central informativa é o coração de toda a operação jornalística. As informações chegam em fluxos variados, dependendo da hora do dia. Os horários de pico costumam ser de manhã, até o boletim das 8 h (que na grande maioria das emissoras atrai as maiores audiências de todo o dia, graças, principalmente, às pessoas que estão se preparando para o trabalho), antes das 13 h e no final da tarde, depois das 16 h. Uma notícia extraordinária pode gerar, imediatamente, várias matérias sonoras e numerosos textos.

O FUNCIONAMENTO

O trabalho com papel e fitas

Uma redação desorganizada pode se transformar num pesadelo. As melhores notícias podem sumir num momento crucial, no meio de uma pilha de textos desorganizados.

Dirigir e organizar uma redação é quase uma operação militar. Bandejas de plástico são boas para receber os textos, assim como prateleiras apropriadas são úteis para guardar os cartuchos. Os papéis para os textos podem ser A4 ou A5, mas os de menor tamanho são mais fáceis de manusear. Pelo menos uma cópia de carbono é sempre útil.

Uma bandeja é para o material do boletim daquele momento. Alguns editores gostam de colocar um esqueleto do boletim seguinte na frente de cada bandeja, acrescentando as notas que vão chegando. Nos últimos quinze minutos, antes de o boletim ir ao ar, é conveniente abrir algum espaço para organizá-lo, notícia por notícia. É aí que os últimos itens devem ser inseridos em seus lugares apropriados, até o último momento possível.

Outra bandeja deve conter as notícias que chegaram mais cedo, naquele mesmo dia, já foram usadas e estão superadas. Não deixe um velho texto ficar muito longe — algumas vezes precisamos de dados anteriores para uma notícia do momento ("...exatamente quantos empregos são oferecidos por aquela empresa? Mencionamos esses dados esta manhã..."), e o conteúdo "usado" da bandeja formará o resumo da noite. As notícias utilizadas durante o dia devem ser arquivadas também para consultas.

Se houver espaço, bandejas extras podem guardar as aberturas das matérias nacionais, se você transmiti-las, e também textos dos *free lances*.

Organização com cartuchos

As prateleiras dos cartuchos podem ser organizadas do modo que melhor lhe convier, mas é sempre bom guardar os cartuchos de matérias locais e nacionais separadamente, em duas seqüências diferentes. As sonoras da IRN são numeradas; etiquetando os cartuchos com esses números e guardando-os em ordem, você estará economizando preciosos segundos na hora de usá-los.

Etiquetar os cartuchos é muito importante. Um cartucho errado pode ir ao ar por causa de uma informação inadequada. A etiqueta deve identificar o conteúdo da notícia — de preferência com apenas uma palavra — assim como o nome da pessoa que fala (ou o nome do repórter), a duração e a deixa de saída (pelo menos duas ou três palavras para que o locutor possa saber com certeza onde é o fim da sonora). Por exemplo:

PARLAMENTO/Blair falando
23" SAÍDA: ...eles estão no poder

GREVE/Chantler narrando
28" SAÍDA: ...no começo da próxima semana

Há várias convenções para etiquetar um cartucho. Cada emissora tem seu próprio código, mas geralmente a palavra "fim" produz bons resultados:

SAÍDA: ...(risada fim)

Se a palavra ou expressão é dita mais de uma vez, a repetição deve ser representada da seguinte forma:

SAÍDA: ...seu problema (2x)

O (2x) indica que o locutor deve esperar para ouvir a expressão duas vezes antes de prosseguir. Algumas emissoras usam (rept.) com o mesmo objetivo, mas não será suficiente se a palavra for repetida três vezes — e isso pode acontecer.

Outra abreviação é "att." para atualidade — indicando que é uma sonora de determinado acontecimento, entrevista ou pronunciamento, sem a voz do repórter.

Organização com computadores

É evidente que com o uso dos computadores ficou bem mais fácil organizar uma redação. Muitas das tarefas tradicionais que eram feitas manualmente, como arquivar e classificar sonoras e textos, podem ser feitas agora de forma automática.

Está crescendo o número de *softwares* desenhados especialmente para redações, mas os mais comuns são aqueles criados para facilitar o acesso e o uso das sonoras.

Há programas próprios para a redação das laudas usadas no rádio, que incluem o texto propriamente dito e as marcações técnicas. Você deve preencher os espaços em branco com as informações necessárias. Em geral, eles têm registrado um número e recebem a data e o horário em que estão sendo utilizados. Depois de redigida a notícia, ela está pronta para ir ao ar. Se você é o editor do boletim, pode buscar na tela uma lista de notícias prontas para serem usadas, lidas ou corrigidas, se for necessário. Elas estarão prontas, também, para ser impressas, se você quiser ler do papel, ou para ser transferidas para o computador do estúdio, caso você queira lê-las diretamente da tela do computador. Depois de transmitidas, as notícias podem ser arquivadas com as respectivas datas e horários.

As novas tecnologias agora existentes permitem, também, que as agências de notícias, como a IRN, coloquem seu material diretamente na rede de computadores da emissora. Isso é relativamente simples quando se trata de textos, que aparecem no menu do computador da mesma forma que as notícias locais. Mas é mais complicado para matérias sonoras cuja produção é feita para ser distribuída dentro de acordos particulares existentes entre as diferentes emissoras e as agências de notícias.

Recebimento de matérias

As agências nacionais costumam enviar sonoras para as suas emissoras em intervalos regulares, embora às vezes eles possam chegar fora da programação preestabelecida. Isso quer dizer que o acompanhamento do serviço da agência deve ser permanente. Há algumas sonoras que já vêm prontas para ir ao ar, nas medidas de 20, 35 e 40 polegadas, embora as de 50 sejam mais comuns. No computador, um sistema de alerta automático "avisa" na tela o momento em que a agência vai enviar uma nova sonora.

Nas redações analógicas, a melhor qualidade de uma gravação em cartucho é quando ela é feita diretamente da fonte, no caso, as agências, mas é sempre bom ter um gravador de rolo copiando ao mesmo tempo. Se você perder uma cópia poderá sempre acionar o gravador e passá-la para o cartucho, embora isso demande mais tempo.

Para serem gravados, os cartuchos devem estar limpos, sem nenhum resto de uma sonora anterior. O cartucho deve começar a rodar *antes* do início do áudio para ter tempo de atingir a velocidade correta. As emissoras da BBC têm uma vantagem: o GNS coloca um sinal indicando o ponto em que o cartucho deve começar a rodar.

Nas redações computadorizadas é preciso sempre verificar a sonora gravada antes de transmiti-la. Você deve colocá-la no ponto certo usando os botões do editor digital. Para identificá-las são usados os mesmos procedimentos aplicados para cartuchos e fitas.

Fechamentos

Seja rigoroso com os horários de fechamento. Cinco minutos antes de o boletim ir ao ar, não pegue mais nenhum material novo e vá para o estúdio. Não se aborreça com aquela gravação que chegou dois minutos antes do início do boletim e que não poderá ir ao ar naquele momento. Se você está trabalhando sozinho, é impossível gravar novos cartuchos e ler as notícias no estúdio ao mesmo tempo. Nunca perca o horário do início do boletim só pela vontade de colocar uma notícia de última hora no ar; isso seria um desastre. O que importa é o boletim. O ouvinte jamais saberá que notícias você deixou de dar, mas notará, com certeza, erros na gravação ou, o que é pior, a falta do boletim naquele horário!

A ELABORAÇÃO DO BOLETIM

A abertura

Mantendo a redação em ordem você pode saber facilmente quais notícias estão disponíveis no momento e então passar para a etapa seguinte do trabalho — editar o boletim.

A primeira decisão é escolher a notícia de abertura. Ela deve ser a mais importante naquele instante — que, na sua opinião, prenderá a atenção dos ouvintes. Algumas aberturas se escolhem a si próprias — o primeiro-ministro acabou de renunciar, centenas de pessoas morreram em um desastre aéreo, ou os russos acabam de colocar um homem em Marte.

Mas há dias em que não surgem grandes notícias. Nesse caso, escolha as três ou quatro melhores, aquelas que "soam como aberturas" e distribua-as em diferentes boletins. Não há regra que diga que as duas notícias que abriram o boletim das dez horas não podem ser reaproveitadas no das onze. Contudo, as primeiras palavras do boletim devem ser sempre atualizadas. É preciso reescrever a notícia, com um novo texto de abertura e, então, ir em frente. O que soa mal é abrir um boletim com uma notícia redigida exatamente da mesma forma como ela foi apresentada, com o mesmo destaque, no boletim anterior.

Se você estiver "atrás" de uma boa notícia para abrir um boletim, fique atento às mais recentes notícias transmitidas pela televisão, por outras emissoras de rádio, ou mesmo àquilo que os jornais estão noticiando (principalmente de manhã cedo). Mas há um limite para isso; os jornais sensacionalistas podem destacar notícias escabrosas sobre sexo e crimes, que são completamente incompatíveis com uma emissora de rádio. Se todos os jornais nacionais derem como manchete a mesma notícia (o que não é comum), então provavelmente estarão corretos. Lembre-se, contudo, de que eles escrevem suas notícias muitas horas antes. Por isso, procure um ângulo que atualize a notícia para os ouvintes da manhã.

Mais uma questão: se os seus boletins forem uma combinação de notícias locais e nacionais, não tenha medo de abri-lo com as notícias locais, quando for necessário. Uma greve envolvendo duzentas pessoas numa fábrica da cidade pode ser mais importante para sua região do que um grande conflito trabalhista que esteja ocorrendo em outro lugar. Algumas estações de rádio têm como política editorial abrir seus boletins com notícias locais, mas os críticos dessas regras rígidas acerca do "local *versus* o nacional" dizem que, muitas vezes, elas podem ter como resultado um boletim com prioridades jornalísticas distorcidas.

A seqüência do boletim

Depois que você estabeleceu qual será a notícia de abertura, fica mais fácil colocar as outras em ordem. Não deve haver receio para encadear as notícias. Muitas emissoras fazem isso porque consideram que assim o boletim ganha mais ritmo.

Se uma notícia ocupar muito espaço no boletim, com várias sonoras, faça um destaque antes de dar as informações seguintes dizendo: "...as outras notícias", dando para cada uma delas um par de linhas.

Lembre-se de que notícias sobre fatos mais gerais podem ser ligadas a outras ("... e ainda, a respeito dos preços dos imóveis..."). Esse recurso é chamado de "guarda-chuva", que pode ser organizado reunindo notícias em torno de um mesmo assunto ou de determinado tema mais amplo. Se esse trabalho for bem-feito, num boletim misto, você pode completar uma notícia nacional com uma nota local sobre o mesmo assunto. Tente encerrar o boletim com uma notícia leve, curiosa ou muito bem-humorada (atenção para a expressão "muito bem"!) — isso facilita a passagem do noticiário para a programação geral da emissora, mas não se aflija se você não tiver nada disso em mãos. Apresente outra vez a notícia que abriu o boletim, se a emissora não se opuser a isso: "e a principal notícia novamente..." dá um toque de urgência agradável para o ouvinte e também ajuda a informar àqueles que sintonizaram a emissora depois da primeira notícia. Se você usar a "notinha leve" no final, não se esqueça de que ela não pode ser repetida.

O acompanhamento da notícia...

Obtida uma boa notícia, não a perca rapidamente. Nada soa tão mal do que o inexplicável desaparecimento de uma notícia importante de um boletim para outro. Apresente a notícia em sucessivos boletins antes de abandoná-la e mantenha-a atualizada reescrevendo-a sempre. Uma notícia que tem uma boa sonora só deve ser dada em texto no final do dia. Se houver um ângulo novo para ser desenvolvido, ela pode se tornar destaque outra vez. Uma notícia, além disso, pode deixar o noticiário por uma hora ou duas e depois voltar. Veja, também, como está o seu equilíbrio entre as notícias locais, nacionais e internacionais. Um bom boletim deve conter uma combinação desses três tipos de informação, mas em quantidades que variam de acordo com o que ocorre a cada momento.

A notícia extraordinária

Uma notícia muito boa não precisa esperar o próximo boletim programado para ir ao ar. Um "furo" pode normalmente tornar-se uma "edição extra". Dê essas informações de forma curta e só as coloque no ar quando elas forem realmente "quentes". Evite dar "extras" quando faltarem poucos minutos para o início do boletim, a menos que seja alguma coisa que tenha alta prioridade. A decisão de dar ou não uma "edição extra" é do editor-chefe, que pode ter de consultar alguém superior. Porém, cabe ao editor do boletim alertá-lo para a existência de uma notícia que justifique uma entrada extraordinária.

A rede

Uma tarefa da rádio local é contribuir para o trabalho da rede nacional, informando-a quando surge uma boa notícia local. Às vezes, no entanto, ocorrem conflitos de interesse.

Uma história local, quando vai rapidamente para a rede e é transmitida como uma notícia nacional, acaba perdendo a importância no boletim local que vem a seguir. É uma situação difícil, e um argumento a favor dos boletins mistos. Algumas emissoras com boas notícias locais freqüentemente mesclam-nas aos seus boletins "a pedidos", para atender aos ouvintes locais que ouviram a notícia resumida no noticiário nacional.

Num mercado radiofônico muito competitivo, em que várias emissoras rivais disputam as mesmas áreas e onde elas recebem as notícias nacionais das mesmas fontes, é difícil decidir o que será enviado para a rede nacional. Isso porque, por intermédio da rede, outras emissoras concorrentes terão acesso à informação imediatamente. Muito cuidado. Esse é o tipo de assunto que depende de decisões políticas dos editores, que consultam a direção da emissora e, muitas vezes, dependem da política de mercado.

Os telefonemas

Mesmo trabalhando numa redação muito pequena, um trabalho vital, que não pode ser negligenciado se você quiser ter um fluxo regular de notícias, é o de telefonar rotineiramente para os serviços de emergência. As salas de controle da polícia, dos bombeiros e dos serviços médicos esperam chamadas da mídia, mas nem todos esses serviços estão igualmente dispostos a fornecer informações (alguns policiais ainda se lembram dos dias em que eram instruídos para "não falar nada para a imprensa") e é sempre prudente verificar as informações nos três serviços. Além disso, a polícia pode ser chamada para um incêndio, mas pode não lhe dar muita importância, a menos que alguém morra ou haja suspeita de que o fogo tenha sido premeditado. O controle do corpo de bombeiros, por outro lado, provavelmente dará mais detalhes a respeito de qualquer chamada recebida, séria ou não.

Uma agenda atualizada de telefones é fundamental. Além disso, os serviços de emergência têm assessores de imprensa (nos horários normais de trabalho, pelo menos), e um relativamente novo e útil telefone a serviço da mídia, com uma mensagem gravada, sempre atualizada, destinada apenas aos repórteres e, portanto, com um número exclusivo para eles.

POLÍCIA

Devon and Cornwall HQ	52101
Dorset HQ	01202 220991
Dorset press line	0426 932 435
Avon & Somerset Yeovil	01935 752911
HQ	0117 92 7777
Centrais de polícia	01225 94567
Barnstaple control	01271 739 111
Paignton control	01803 192011

Delegacias locais

Ashburton	01364952211
Bideford	01237 868896
Bridport	01308 224466
Budleigh Salterton	954141
Crediton	01363 922000
Dartmouth	01803 132288
Exeter Heavitree Rd	910199 (chamar apenas o funcionário de plantão)
Exmouth	01395 14653
Honiton	01404 121177
Ivybridge	01752 89567
Newton Abbot	01626 594444
Okehampton	01837 220011
Sidmouth	01395 512666
Teignmouth	01626 743311
Tiverton	01884 523523
Torquay	01803 144911 (chamar o delegado geral)

Corpo de Bombeiros

Devon	871199
Devon press line	0426 122030
Dorset	01305 555911 (apenas chamadas urgentes)
Somerset press line	01823 199011

Ambulância

Devon (Exeter)	433133
Devon (Torquay)	01803 610922
Dorset	01202 966899
Somerset	01823 889922

Guarda-Costeira

Brixham (South Devon)	01803 182344
Portland (East Devon)	01305 161149

Ilustração 10.1 — Uma agenda usual de telefones.

Manchetes e chamadas

Dependendo da política editorial da emissora, você poderá ter necessidade de colocar no ar, a cada meia hora (ou em outro momento qualquer), as chamadas do boletim seguinte. Elas não podem ter mais do que duas frases de cada notícia e devem ser perfeitamente compreensíveis, dando uma idéia geral do conjunto da matéria. É muito raro conseguir usar como chamada as duas primeiras linhas da notícia principal. É preciso escrever chamadas atualizadas para cada notícia. É útil, também, estabelecer como regra que os repórteres escrevam, para as notícias que produzem, uma manchete que pode ser arquivada e usada quando necessário. Muitas emissoras também dão aos apresentadores dos programas musicais a incumbência de "chamar" os destaques do próximo boletim. Esse é um excelente costume que deve ser incrementado e evita um esforço extra, uma vez que se utiliza de alguém que já está no ar. Por isso, você precisa criar interesse pelo que vem a seguir em forma de, digamos, a principal notícia local e a principal notícia nacional. Outra vez, escreva essas chamadas atualizando-as a partir da notícia original.

Escala de repórteres

Se você tiver sorte, terá um ou mais repórteres disponíveis para acompanhar o desenvolvimento das notícias. Eles são um recurso caro; então, utilize-os com parcimônia. Pergunte a si mesmo se é mais eficiente mandar alguém acompanhar na rua uma única história, gastando quase toda a manhã, ou pedir para ele ir atrás de diversos assuntos, sem sair da redação, fazendo entrevistas pelo telefone. A resposta correta a essas indagações deve ser dada pela qualidade e pelo tipo de cada notícia.

A chefia

Um produtor de jornalismo (BBC) ou um editor de boletins (RI) exercem uma função de chefia que consiste em transmitir ordens para os repórteres. Eles devem se lembrar sempre de que as pessoas respondem melhor a pedidos do que a exigências. O repórter deve começar seu trabalho tendo a maior clareza possível sobre a matéria que irá desenvolver. Essa é uma tarefa do editor. Se você, nessa função, tiver um ângulo particular de visão do assunto, não espere que o repórter leia seu pensamento.

Contudo, um bom repórter, ainda que bem informado pelo editor, deverá sempre procurar outros ângulos da matéria e trazer para a redação coisas não esperadas. Elas podem não estar na linha que foi previsto inicialmente, mas nem por isso vá logo criticando o trabalho. Afinal, o repórter no local do acontecimento estará em situação privilegiada para analisar o assunto. Se o julgamento dele estiver realmente errado, acompanhe-o calmamente até o fim, dando o melhor de si para compreender suas razões. Não há nada pior do que uma grande discussão sobre o que deveria ter sido feito (mas não foi) ocorrer antes de você ler um boletim!

As prioridades

Algumas vezes, em meio a um dia fraco de notícias, começam a surgir casos aparentemente importantes, quase ao mesmo tempo. Se isso acontecer, pare e pense no que deve ser feito em primeiro lugar. Não vá atrás da primeira informação que lhe cair nas mãos, porque ela pode não ser a melhor. É preciso pesar o potencial de cada notícia. Geralmente, vai-se em primeiro lugar atrás da mais fácil e, às vezes, pode-se ter duas ou três matérias concluídas rapidamente. Então, concentre-se na mais difícil e veja qual é o tempo disponível que você tem para ela. É um erro deixar muita coisa fora do boletim só por causa de uma notícia atraente, mas sem muita consistência. Você pode acabar terminando sem nada.

Emergências

Às vezes o ritmo da redação é alterado de uma hora para outra. Se surgir um caso dramático ou espetacular, mesmo relutando, deixe as outras coisas de lado. Pense na possibilidade de uma tragédia na sede da Prefeitura, com um incêndio destruindo o prédio e duzentos funcionários tendo de abandonar o local, o que implica a interdição de várias ruas centrais da cidade. Nesse caso, você não terá tempo para muita coisa em seu boletim.

Não hesite em pedir ajuda para outras pessoas dentro da emissora. Funcionários que não são jornalistas podem exercer excelente trabalho ao telefone, quando, segundo eles mesmo dizem, uma situação inesperada tira sua área do marasmo. O pessoal da técnica da emissora ou do setor comercial pode ficar fascinado com a chance de "fazer notícias", ainda que sob rígida supervisão.

Distribua os repórteres com cuidado, buscando primeiro cobrir os ângulos mais importantes do assunto e sempre pensando em termos de edição para o próximo boletim — preferencialmente os dois ou três boletins seguintes. Caso não haja tempo em um boletim, guarde um ou dois assuntos para serem desenvolvidos mais tarde. E não deixe de prestar atenção ao que está sendo transmitido ao vivo. Deixe uma fita gravando a cobertura do acontecimento, principalmente se ela estiver sendo feita dentro da programação geral.

Na cobertura de acontecimentos dramáticos, um dos principais cuidados é evitar informações ou comentários alarmistas. Você deve atuar de modo que o ouvinte não fique desnecessariamente angustiado. No início da cobertura de um acidente, você deve procurar transmitir todos os detalhes referentes aos horários e locais dos acontecimentos. Isso ajudará o ouvinte a situar melhor as circunstâncias em torno do fato. Por exemplo, no caso de uma colisão de trens, você deve informar onde isso aconteceu, para onde os trens estavam seguindo, de onde haviam partido e em que horário. Quando você estiver cobrindo um acidente envolvendo meios de transporte públicos, ocorrido em grandes cidades, é necessário localizá-lo com precisão — e logo no início da notícia — se for possível. O nome do hospital para onde foram levados os feridos também é importante, junto com o número de qualquer telefone de emergência fornecido pela polícia para dar informações sobre as vítimas do acidente.

CAPÍTULO 11

AS LEIS

Os jornalistas não têm direitos especiais diante da lei, a não ser em alguns casos excepcionais, quando podem ter acesso a locais proibidos ao público, como um tribunal juvenil. Além disso, alguns jornalistas têm testado seu direito consagrado de proteger as fontes, mas nem sempre com sucesso. Geralmente o jornalista tem os mesmos direitos e responsabilidades que qualquer cidadão.

É importante que todos os radiojornalistas tenham conhecimento de alguns aspectos-chave da lei. Aqui há espaço apenas para um breve resumo. O livro *Essential law for journalists*, de Tom Welsh e Walter Greenwood (Butterworths) fornecer mais detalhes.

Para manter-se dentro da lei é preciso conhecer como se dá o processo legal e quais as restrições que ela impõe. As duas áreas que causam mais problemas para os jornalistas são *difamação* e *desacato ao tribunal*.

As leis sobre difamação e desacato ao tribunal são complexas e mudam de tempos em tempos. Há também um número de exceções às regras gerais. Se você tiver dúvidas, procure uma assessoria legal ou consulte os livros especializados no assunto — antes de transmitir!

DIFAMAÇÃO

A lei diz que ter "um bom nome" ao longo da vida é um direito de qualquer pessoa, a menos que haja uma inequívoca evidência do contrário. Por exemplo, quando alguém comete um crime e é condenado.

Você não pode transmitir nada que possa "expor uma pessoa ao ódio, ao ridículo ou ao desprezo, levando-a ao isolamento ou injuriando-a em seu trabalho, negócio ou profissão".

Qualquer publicação que prejudique a reputação de uma pessoa é potencialmente *difamatória*. A difamação é dividida em calúnia (falada) e injúria (publicada). Toda difamação transmitida pelo rádio é considerada injúria porque tem uma abrangência muito maior do que uma fala normal.

A outra diferença entre calúnia e injúria é que algumas pessoas podem sofrer prejuízos (por exemplo, perdendo o emprego) como resultado de uma calúnia e, portanto, precisam receber indenização. Há poucas exceções à regra geral, mas as calúnias afetam menos os jornalistas de rádio. A injúria, como vem sendo vista até aqui, necessita de uma simples prova de difamação para ser considerada verdadeira e a pessoa prejudicada obter ganho de causa. O total da indenização varia, é claro, de quantias modestas até números elevados.

Para ser sustentada, uma difamação só pode ser caracterizada se tiver sido cometida contra um indivíduo ou um grupo de indivíduos claramente identificáveis. Não é possível difamar um morto. Mas, cuidado, porque um grupo de pessoas pode ser difamado mesmo que seu nome individual não seja usado. Por exemplo, "vereadores do Partido Conservador em Blankshire estão enriquecendo graças a contratos feitos com seus amigos". Esta é uma clara acusação de corrupção. Qualquer vereador em Blankshire poderia entrar com um processo por crime de difamação.

DEFESAS EM CASOS DE DIFAMAÇÃO

A melhor defesa

A melhor forma de evitar um processo de difamação é, em primeiro lugar, não cometê-la. Lembre-se de que os comentários dos entrevistados não são apenas da responsabilidade dele. Você pode acabar tendo alguma culpa por transmiti-los. Tome cuidado com o que as pessoas dizem.

A verdade

A verdade é sempre uma boa defesa. Ela é chamada apropriadamente de "justificação". Mas há casos em que são cobradas indenizações, mesmo quando as afirmações são verdadeiras. Algumas vezes isso acontece porque, da forma como os fatos são apresentados, o ouvinte pode tirar conclusões que caracterizem uma difamação. O mesmo pode ocorrer quando alguns fatos importantes são suprimidos de uma notícia.

A boa-fé

Numa ação por difamação, uma possibilidade de defesa é a alegação de que a opinião emitida foi feita de forma honesta. É o modo de manifestar sua ausência de má-fé, enfatizando que o comentário foi feito sem intenção de prejudicar alguém. A defesa deve demonstrar que a informação na qual o comentário foi baseado não era errada e pode ser demonstrada.

As críticas são parte essencial da política e do processo democrático. Elas não são necessariamente difamatórias, mesmo que às vezes se tornem abusivas. Mas é necessário estar sempre muito atento. Veja, por exemplo, esta afirmação: "As políticas conservadoras em Blankshire são insensíveis e egoístas. As pessoas pobres da comunidade estão perdendo mais uma vez, enquanto os ricos ganham. É sempre a mesma velha história do 'tudo bem' para poucos e de sacrifício para a maioria".

No contexto de um debate sensato, esse não é um caso de difamação. Pode ser considerado um comentário honesto sobre um tema de interesse público. Ele também pode ser entendido como uma forma de as pessoas expressarem suas crenças e pontos de vista.

Mas ainda que não exista uma difamação caracterizada legalmente, você deve dar oportunidade ao grupo conservador, em Blankshire, para que exponha seu ponto de vista. É a forma de dar equilíbrio às opiniões.

Esteja consciente de que algumas palavras são potencialmente injuriosas e você deve ter cuidado com o seu uso. Uma dessas palavras é "cruel". Acusações de crueldade só podem ser feitas depois de cuidadoso levantamento dos fatos. Também use cuidadosamente palavras como "reclamação" e "acusação" nos casos em que se esteja tentando decidir uma controvérsia ou que alguém esteja sendo criticado.

Imunidades

Outra forma de defesa é mostrar que palavras possivelmente difamatórias podem estar cobertas por "imunidades". Há dois tipos de imunidade. A imunidade usufruída por qualquer pessoa que fale num tribunal, como um juiz ou os advogados, ou por deputados no Parlamento. A imunidade qualificada está vinculada a essas outras e se refere às reportagens sobre aqueles tipos de pronunciamentos, mas dentro de certas condições. Elas são dadas pelo equilíbrio e precisão da reportagem, que deve ser feita sem segundas intenções e transmitida *em cima do acontecimento*, isto é, o mais rápido possível.

Isso quer dizer que as acusações feitas podem ser maliciosas ou falsas. Mas se elas forem ditas num tribunal aberto ou no Parlamento e cuidadosamente transmitidas pelo repórter o mais rápido possível, o assunto estará encerrado.

Esse mesmo procedimento pode ser respeitado quando se tratar de reportagens em Câmaras municipais, tribunais de alçadas inferiores ou qualquer outra reunião que trate de assuntos públicos. Vale também para reportagens feitas cuidadosamente a respeito de pronunciamentos públicos emitidos pela polícia, órgãos do governo nacional ou por autoridades locais.

Difamação não-intencional

É a forma de difamação que pode resultar de uma involuntária confusão de nomes. Essa é uma das razões pelas quais o nome do acusado em um tribunal não é suficiente para identificar uma pessoa. Isso fica mais seguro quando se acrescenta ao nome, o endereço, a idade e, às vezes, a ocupação da pessoa citada.

Os acordos

Os acordos ocorrem quando uma desculpa é dada pelo rádio e o queixoso concorda que ela é aceitável.

INJÚRIAS CRIMINAIS

Esse tipo de injúria é mais sério. A injúria pode ser resultado de algum tipo de obscenidade, sedição ou blasfêmia. Uma ação de injúria criminal pode ser o desmembramento de um caso de injúria civil, se o tribunal decidir que a difamação é tão séria que pode levar à perturbação da ordem pública.

É possível, também, incriminar uma pessoa morta, se o tribunal decidir que os parentes vivos do morto estão perturbando a ordem pública. As penas por injúria criminal incluem sentenças de prisão. Se você perceber que pode sofrer uma ação desse tipo, busque apoio jurídico desde o início do caso.

Desacato

A palavra desacato pode sugerir a você alguma coisa como "jogar tomates no juiz". É certo que, sem dúvida, o juiz irá desaprovar tal conduta e impor uma punição severa. Mas o sentido da palavra desacato é maior do que um mero insulto.

Qualquer atitude que possa prejudicar um depoimento, atual ou futuro, que esteja sendo prestado ou venha a ser prestado à corte, é considerado desacato. No Reino Unido, a ninguém é permitido prejulgar um caso, interferir no processo ou influenciar o júri. Há restrições a respeito do que pode ser divulgado enquanto o caso está sendo examinado pelo tribunal ou *sub judice*. Quem ultrapassar esses limites pode ser acusado de desacatar o tribunal.

A divulgação de qualquer depoimento de pessoas envolvidas em processos, depois da manifestação do tribunal, é legal e correta. Mas a publicação do mesmo depoimento, antecipadamente, pode ser considerada um desacato ao tribunal. Se uma testemunha estiver sendo beneficiada com a divulgação dos depoimentos, ou estiver sendo paga para isso, o tribunal poderá tomar medidas enérgicas, inclusive determinando a prisão da testemunha e de quem a tenha divulgado. Quem, igualmente, desobedecer uma ordem do tribunal poderá ser processado por desacato.

A pena por desacato ao tribunal não está estabelecida em lei. Teoricamente, a pena máxima pode ser uma multa de valor ilimitado e a prisão perpétua. Na realidade, não há nenhum caso de uma pessoa que tenha pego prisão perpétua por desacato ao tribunal. Advogados dizem que a sentença de prisão termina quando a pessoa tiver "purgado o desacato". Isto é, quando convencer o juiz de que está arrependida e que não repetirá a ofensa. Normalmente, é exigida uma desculpa formal ao tribunal.

Tanto os casos civis como os criminais estão cobertos pela lei de desacato, mas estes últimos são tratados com mais cuidado. Existem regras especiais que são aplicadas para coberturas jornalísticas em tribunais juvenis e varas da família.

Em casos criminais, podem surgir complicações quando a polícia mostrar muito entusiasmo dizendo que pegou "a pessoa responsável" por um crime. Isso quem decide é o tribunal, e você não pode entrar em conluio com a polícia, prejulgando o caso.

A questão-chave é saber se esse tipo de desacato pode ajudar ou atrapalhar as investigações policiais ou reduzir a autoridade do processo judicial.

O desacato, passo a passo

O desacato só é possível em certos estágios de um processo criminal. A título de ilustração, vamos dar uma olhada no louco e brutal assassinato de Bill Smith, espancado até a morte e encontrado numa chuvosa noite de sábado, ao lado de um bar. Esse caso tem como objetivo apenas servir de exemplo para o guia do desacato, apresentado a seguir. O jornalista tem a responsabilidade de procurar conhecer o maior número de detalhes possível sobre o que pode ou não ser dito a respeito do acontecimento.

1ª. Fase: Smith foi encontrado pela polícia. Eles procuram testemunhas. Ainda não foi feita nenhuma prisão preventiva.

Você pode dizer o que quiser — desde que isso seja verdade, é claro. Um investigador pode dar uma entrevista descrevendo o "ataque selvagem" e dizer que ele está lançando uma perseguição nacional a um "assassino perigoso que pode atacar novamente".

2ª. Fase: Um homem foi preso. É o dono do bar. Nenhuma acusação foi feita.

Nesse momento, já existem limitações. Bill Smith agora não foi assassinado. Ele está "morto". E não é brutal. Nenhum adjetivo é permitido. Ele não é *o* homem que estava sendo procurado pela polícia e que foi preso, mas *um* homem. É possível identificar o dono do bar, mesmo que um incauto policial lhe diga que ele está preso. Você deve escrever dessa forma:

> Investigadores de Blanktown passaram a noite interrogando um homem ligado à morte de Bill Smith, cujo corpo foi encontrado ao lado do bar Red Lion, na rua West, há dois dias. O sr. Smith tinha 42 anos e morava na rua Cross, em Blanktown. Os policiais informaram que farão outro pronunciamento hoje.

3ª. Fase: O dono do bar é esperado hoje, no tribunal, acusado de assassinato.

A palavra "assassinato" pode agora reaparecer porque você tem a permissão de dizer qual é a acusação. Entretanto, outras limitações permanecem. Pense cuidadosamente antes de dar o nome de alguém nesta fase. Imagine se a acusação for retirada antes do comparecimento do acusado ao tribunal? O dono do bar pode, então, processá-lo por difamação. Você pode dizer:

> Está sendo esperado para hoje, diante do tribunal do júri de Blanktown, o comparecimento do homem acusado de assassinar Bill Smith, de 42 anos, cujo corpo foi encontrado ao lado do bar Red Lion, na rua West. O sr. Smith morava próximo à rua Cross. Seu corpo foi descoberto por um policial.

4ª. Fase: O dono do bar foi levado ao tribunal para julgamento.

As regras mudam de novo. Normalmente, você poderá agora identificar o acusado, mas deverá restringir-se ao seu nome, idade, endereço, acusação e decisão do tribunal.

Um dono de bar, de 53 anos, de Blanktown, foi levado ao tribunal acusado de assassinato. George Jones, dono do Red Lion, na rua West, foi acusado de assassinar Bill Smith, morador na rua Cross, em Blanktown. O corpo do sr. Smith foi encontrado na rua West, na noite do último sábado. Jones foi colocado em prisão preventiva por sete dias.

5ª. Fase: O caso vai para o tribunal.

Agora você pode noticiar o que acontece a cada dia no tribunal e citar o juiz, testemunhas, advogados e o próprio acusado. As palavras ditas durante o julgamento não podem ser parafraseadas no boletim. É preciso dizer quem as falou e as afirmações devem ser claramente identificadas, com a utilização de frases como "a acusação afirmou que..."; "o juiz advertiu que o júri não deve..."; "o tribunal disse...". O nome do tribunal deve ser mencionado, assim como a informação de que o caso ainda está em andamento: "o caso continua...". Tenha cuidado com as interrupções do público. Em geral, elas não devem ser informadas em detalhes por não fazer parte dos procedimentos do tribunal e, por isso, não estarão protegidas de nenhuma ação por difamação.

6ª. Fase: Jones foi considerado culpado do assassinato.

Para encerrar o caso, as regras são as mesmas da quinta fase:

O juiz disse que Jones cometeu um ataque selvagem e injustificado... E a pena de prisão perpétua era inevitável. Ele também decidiu que Jones deve cumprir pelo menos vinte anos de prisão.

7ª. Fase: Depois do caso.

Você deve sempre voltar à primeira fase. Pode transmitir a opinião de um investigador de que "Jones é um homem violento e que deve ficar atrás das grades por muito tempo". É preciso entrevistar parentes do assassino ou da vítima. Eles podem dizer sempre o que quiserem, incluindo críticas à sentença. Mas as regras normais sobre difamação continuam vigorando. Não pode ser dito, por exemplo, que o juiz, os jurados ou os promotores foram desonestos, ainda que um advogado anunciando um recurso possa dizer quais as causas que levaram a essa apelação. Igualmente, Jones não pode ser acusado de outros crimes, a menos que ele esteja diante de novas acusações formais.

REPORTAGEM DOS TRIBUNAIS

A cobertura de julgamentos nos tribunais de justiça requer uma habilidade especial e existem livros inteiros tratando do assunto. Na prática, os radiojornalistas não costumam despender muito tempo com isso. As emissoras menores não têm meios para manter rotineiramente um repórter sentado na bancada de imprensa de um tribunal, durante horas, à espera de um veredito. Na verdade, essas notícias são obtidas das agências. Para elas esse tempo é bem gasto porque podem manter um repórter cobrindo um caso, cujo trabalho final será enviado para diferentes jornais e para várias emissoras de rádio e de televisão. É claro que a agência será remunerada por cópia.

Dessa forma, os radiojornalistas costumam escrever o noticiário do tribunal a partir de informações obtidas por outras pessoas e que chegam à redação por telefone, fax ou telex. Alguns textos podem ser reduzidos a poucos parágrafos ou — e isso é mais interessante — a um texto para um boletim.

Só em casos realmente importantes é conveniente o radiojornalista ir ao tribunal. Mas, mesmo assim, ele tem pouco a fazer durante o transcurso da audiência. Os repórteres não podem gravar os pronunciamentos para serem levados ao ar, e qualquer entrevista com uma testemunha ou com outra pessoa envolvida no caso em julgamento poderá se constituir em séria ofensa ao tribunal. Essas entrevistas, com pessoas de alguma forma ligadas ao caso, podem ser usadas depois do julgamento encerrado, contanto que o que for dito não seja considerado difamatório.

Regras básicas

Existem algumas regras básicas para a divulgação de notícias obtidas nos tribunais que devem ser seguidas sempre:

1. Todas as reportagens devem identificar as pessoas acusadas, não apenas pelo nome. Deve ser dado também o endereço, embora o número da casa ou do apartamento possa ser abreviado ou omitido. É hábito acrescentar ainda a idade e a ocupação da pessoa, embora isso não seja obrigatório.

2. É ilegal identificar certos tipos de acusados, como crianças com menos de dezesseis anos quando levadas a tribunais juvenis. Uma mulher, supostamente vítima de estupro, tem o direito do anonimato (Ver Restrições à imprensa, p.140).

3. Os apelos feitos no tribunal devem ficar claros. É importante que qualquer apelo de inocência seja citado em todos os boletins, sem a necessidade de ser textual. Uma frase como: "Smith nega a acusação..." é suficiente.

4. A acusação ou as acusações devem ser divulgadas. Numa acusação muito complicada podem ser usadas, no rádio, algumas formas de simplificação, como: "Smith recebeu nove acusações, incluindo uma de roubo, outra de desacato e perturbação da ordem pública...".

5. As afirmações do tribunal devem ser atuais e bem claras: "O tribunal disse que Smith tinha bebido sete canecas de cerveja antes de cometer o delito..."; "O júri foi informado de que Smith foi ao banco pelo menos três vezes antes do assalto". Frases como "a promotoria disse para o júri" são também cabíveis.

6. As reportagens dos tribunais devem ser o mais equilibradas possível. Se você mencionar a acusação, precisa dizer também quais são as principais linhas de defesa (contudo, não é necessário que isso seja feito no mesmo boletim).

7. Você precisa deixar claro para o ouvinte quando seu boletim está sendo feito no meio de um processo. Alguns repórteres costumam terminar seus boletins com frases como "O julgamento continua..." ou "O caso está em andamento...".

8. Você precisa acatar todas as instruções do tribunal. Por exemplo, que o nome ou endereço de uma testemunha ou acusado não seja publicado. "Publicação" inclui a divulgação pelo rádio. É de responsabilidade das agências de notícias assegurarem-se de que todas as instruções do tribunal estejam incluídas no texto fornecido aos seus assinantes. Algumas vezes, pontos especiais são incluídos em parágrafos separados com o título: "Nota para a redação".

9. Antes de escrever sua notícia para o rádio, leia as instruções do tribunal com *muita* atenção, na *íntegra*, e em caso de qualquer dúvida consulte imediatamente a fonte. Se ainda assim um erro for ao ar, há pelo menos uma defesa parcial mostrando que você tomou todos os cuidados razoáveis para verificar a veracidade da informação. No entanto, não há desculpa para qualquer "chute" em casos jurídicos. Aqui se aplica uma velha máxima: *se tiver dúvida, deixe de lado*, mesmo que isso signifique deixar

fora do boletim uma matéria inteira, com informações duvidosas, até que seja feita uma checagem cuidadosa.

10. Embora o melhor lugar para verificar uma notícia de agência seja a própria agência, alguns funcionários do tribunal se dispõem a ajudar quando, por exemplo, um caso está para ser reaberto. Qualquer informação que você obtiver de um funcionário é de sua responsabilidade.

Em síntese, a cobertura das atividades de um tribunal, realizada para o rádio, em geral precisa ser adaptada de um texto produzido inicialmente para os jornais. Se você resumir um boletim do tribunal, tenha certeza de que não omitiu nada que possa afetar o seu equilíbrio, como deixar de fora a defesa. Acima de tudo, assegure-se de que seu boletim é preciso, não prejudicando o caso que está em andamento, ou ainda pendente, e não difame ninguém.

Restrições à imprensa

Uma ordem para não publicar ou transmitir alguma coisa é conhecida como restrição à reportagem. A restrição pode ser regulamentar (no caso de procedimentos legais), ou pode ser dada por um juiz, num caso particular. As restrições regulamentares, contidas em Leis do Parlamento, têm a intenção de proteger a população. Por exemplo, uma mulher que diz ter sido vítima de um estupro não pode ser identificada, e nem uma criança. No entanto, uma criança que esteja sendo acusada junto com um adulto pode ser identificada, em alguns casos, antes de ir para o tribunal. Essa não é uma situação muito comum, e é prudente que o repórter conheça bem a exata posição do tribunal diante do caso antes de transmitir algo.

Os juízes têm poderes para estabelecer restrições à reportagem em determinados casos. Por exemplo, um juiz pode determinar que o nome e o endereço de uma testemunha devam ser omitidos, caso sua divulgação venha colocá-la em risco. Pode também determinar que não seja divulgado o nome de um acusado se julgar que isso pode facilitar a identificação de uma criança envolvida no caso.

Se você estiver reescrevendo um texto produzido pelo tribunal, tenha cuidado em reparar se existe algum tipo de restrição à divulgação. Se houver, é bom mencionar em sua notícia que "as restrições à reportagem ainda não foram suspensas".

O Código Civil

O Código Civil inclui qualquer ação entre duas ou mais partes que resulte de algum tipo de conflito sobre direitos, dinheiro ou propriedade. Os limites entre os códigos civil e criminal são muito claros, mas podem ser facilmente estreitados.

Por exemplo, a recusa em pagar a conta num restaurante não é, em si, um crime, apesar de qualquer proprietário dizer que sim. Se a recusa for causada pelo baixo padrão da comida, e se o queixoso identificar-se espontaneamente antes de ir embora, o dono do restaurante não poderá processá-lo para obter o pagamento. Se, no entanto, alguém tentar deixar subrepticiamente o restaurante sem pagar a conta, ou pedir comida sem ter meios para pagá-la, isso é um crime.

São comuns os exemplos de ações civis que incluem tentativas para receber contas não pagas, a guarda de crianças em casos de divórcio, ou reparações por difamação.

Ações civis são levadas aos tribunais regionais ou ao Supremo Tribunal, onde o procedimento começa no Tribunal da Magistratura (na Inglaterra e no País de Gales) e segue para um Tribunal Superior se o crime for muito grave. Acusações criminais são geralmente encaminhadas pela Promotoria Pública acompanhando a ação policial. Mas muitos dos casos na esfera civil envolvem apenas a disputa entre os argumentos apresentados apenas por duas pessoas.

Um juiz, numa ação civil, pode decidir-se a favor de um queixoso ou do acusador no final de uma audiência e talvez conceder uma liminar. Isso com freqüência evita que alguém aja de modo doloso até que o caso seja amplamente discutido num tribunal. Por exemplo, um juiz pode dar uma liminar proibindo uma família barulhenta de dar festas até tarde da noite. Se as festas continuarem acontecendo, os responsáveis estarão desacatando a corte e serão punidos.

A reportagem de uma ação civil tem a mesma responsabilidade de uma realizada sobre uma ação criminal. O relato do que é dito no tribunal deve ser preciso. É mais difícil desacatar o tribunal numa ação civil por discuti-la antecipadamente, mas tenha cuidado. Antes de uma ação civil você deve destacar o cerne da questão, mas evite detalhes e tenha certeza de que o resumo da discussão está sendo apresentado corretamente. Evite entrevistas com testemunhas em potencial.

Inquéritos

Um inquérito é conduzido por um juiz que investiga mortes suspeitas e que, freqüentemente, trabalha com questões ligadas à medicina. Esse trabalho tem como objetivo descobrir a causa da morte, se ela foi resultado de um acidente ou de um ato de violência. Alguns casos sérios, normalmente acidentes no trabalho, devem ser levados ao júri. O magistrado sozinho dá o veredito. O júri pode confirmá-lo ou não. Há vários veredits que precisam ser confirmados. Eles incluem morte por acidentes, catástrofes, homicídios qualificados, assassinatos e suicídios. Se a causa não puder ser estabelecida, o resultado é um veredito "aberto".

Os inquéritos não podem ser preconcebidos e não há desacato ao tribunal nesse sentido. Isso ocorre porque o objetivo do inquérito não é o de colocar a culpa numa pessoa. Cuidado, no entanto, quando noticiar suicídios. Se um homem foi encontrado morto, em seu carro, com o motor ligado e uma mangueira de escapamento até a janela, você não deve dizer que foi suicídio. Quem vai decidir isso é o juiz. Você pode descrever as circunstâncias nas quais o corpo foi encontrado e usar frases como: "A polícia não suspeita de uma brincadeira infame..."; "Investigadores dizem que nessas circunstâncias não há suspeitos..."; "A polícia não está procurando ninguém ligado ao incidente...". Se parecer que alguém atirou em si mesmo, tudo o que você poderá dizer é que o corpo foi encontrado "...com uma arma jogada próxima dele".

Segredos oficiais

A questão dos segredos oficiais é muito complexa e, por isso, vários radiojornalistas acabam freqüentemente tendo problemas nessa área. Os jornalistas não assinam as Leis dos Segredos Oficiais, mas podem ser processados se publicarem informações que possam ser usadas por um inimigo do Estado.

O contato mais comum entre os jornalistas e os segredos de Estado é o "Informe D" (com o *D* significando Defesa). Trata-se de um sistema de adesão voluntária que procura identificar assuntos considerados delicados. Ele é estabelecido por editores e funcionários do governo, supervisionados por um comitê. Por conter informações confidenciais, a circulação do "Informe D" é restrita. Exemplos de matérias que podem estar dentro desse âmbito são as referentes à localização de bases militares, aos detalhes dos seus equipamentos, das fábricas ou dos produtos envolvidos de alguma forma com o sistema de defesa e com a identidade de alguns servidores da Coroa. O desrespeito ao "Informe D" não é um delito, mas pode ser levado em conta em ações judiciais futuras.

Capítulo 12

A REDAÇÃO

RECURSOS

O principal problema para montar uma redação é o seu custo, com o que concorda a maioria dos dirigentes da Rádio Independente. Eles levam em consideração, para isso, a necessidade que as emissoras têm de dar aos seus ouvintes um serviço informativo (e também porque o seu Compromisso de Qualidade exige isso) e o fato concreto de que o jornalismo custa caro e raramente dá lucro. Para a BBC, além disso, o jornalismo é considerado a alma das rádios locais e com ele são gastos todos os recursos necessários. E, também, porque os noticiários e os programas de entrevistas ocupam um espaço maior na BBC do que nas emissoras comerciais.

Escalas de serviço

Numa redação pequena, as escalas são simples. Em grandes operações jornalísticas, no entanto, elas se tornam complexas. Não se esqueça de dar a todo o pessoal as mesmas oportunidades de variações em seus trabalhos. Também compense com férias ou folgas as pessoas que trabalharem em finais de semana. Procure manter cada jornalista trabalhando nos mesmos períodos durante a semana. É desanimador trabalhar cedo durante dois dias seguidos e depois passar para o período da noite no resto da semana. Preste atenção às preferências individuais, mas lembre-se de que no fim a palavra é sua e tome as decisões (ver Ilustração 12.1, p.144).

Mar 11-17 — Editorias		Segunda 11	Terça 12	Quarta 13	Quinta 14	Sexta 15	Sábado 16	Domingo 17
Editorias	Jornalismo	Gaft	Gaft	Gaft	Gaft	Gaft		
	Jornalismo	Mike	Mike		Mike	Mike	Mike	
	Esporte							Doug
Dunstable:								
5-1		Bur	Bur	Bur	Bur	Bur		Sheila
10-6		Sheila	Sheila	Sheila	Sheila	Sheila		
Bedford:								
5-1		Ron	Ron	Ron	Ron	Ron		
10-6		Tim	Tim	Tim	Tim	Tim		
Cambridge: 10-6		Kate	Kate	Kate	Kate	Kate		
Northampton: 10-6		Nick	Nick	Nick	Nick	Nick		
5-1		Dave	Dave	Dave	Dave	Dave		
11-7		Catry	Catry	Catry	Catry	Catry		
Milton Keynes:								
5-1		Rick	Rick	Rick	Rick	Rick		
10-6		Corina	Corina	Corina	Corina	Corina		

Ilustração 12.1 — Uma escala de trabalho da redação para a cobertura de diferentes locais.

Jornalismo Rádio Local — Proposta de Orçamento 1995/6 *

1. Contratos com agências de notícias (mensais)

Agência Miles	30 matérias	@ £ 6,36	£ 190.80
Agência Wheeler's Press	15 matérias	@ £ 6.36	£ 95.40
Agência Ward News	20 matérias	@£ 6.36	£ 127.20
Agência Abbott's			
(cobertura dos tribunais)	Pagamento fixo		£ 180.00
	Total mensal p/ agências		£ 593.40

2. Jornalistas *Free lances* (mensais) Coberturas de fim de semana:
   8 dias (sab-dom) plantão (ou cobertura de folga) £ 60.00 por dia   £ 480.00
   Cobertura de férias: 12 jornalistas × 4 semanas anuais = 48
   semanas. 4 semanas por mês a £ 300.00 por semana (£ 60.00 por dia)   £ 1200
   Total mensal p/*free lance*   £ 1680.00

3. Despesas regulares (mensais)
   4 repórteres na rua, 5 dias por semana. Média 10
   milhas por dia @ 30p por milha = £ 15.00 por semana cada.

Portanto £ 60.00 × 4 semanas	£ 240.00
Estacionamento e outras pequenas despesas	£ 50.00
Total mensal de despesas	£ 290.00

4. Diversos (mensais)

Relações públicas/Representação	£ 30.00
Treinamento	£ 50.00
Eventuais (Eleições, Acidentes graves)	£ 250.00
Total mensal diversos	£ 330.00

ORÇAMENTO TOTAL MENSAL DA REDAÇÃO (excluindo salários)

Agências de notícias	£ 593.40
Free lance	£ 1680.00
Despesas regulares	£ 290.00
Diversos	£ 330.00
Total mensal	£ 2893.40

CUSTO OPERACIONAL DA REDAÇÃO POR ANO
            £ 2,893.40 × 12 =   £ 34,720.80

* Este orçamento exclui gastos com salários e pressupõe que as despesas com telefone, fitas de gravação, jornais, seguros, material de escritório, desvalorização de equipamentos etc. estão alocadas nos departamentos centrais da emissora.

Ilustração 12.2 — Um exemplo comum de proposta orçamentária.

Orçamentos

Como editor de jornalismo, você deverá ter um orçamento para trabalhar. É responsabilidade sua prever os próprios custos e, se concordar com o orçamento proposto, trabalhar dentro dele. O orçamento geralmente é montado para o período de um ano. Faça uma divisão mensal e distribua os recursos pelas áreas de gastos mais importantes. Tenha o cuidado de prever todos os gastos, em especial com os trabalhos a serem pagos a *free lances*. Os itens mais comuns de gastos são: salários de jornalistas, *free lances*, agências de notícias, gastos com funcionários administrativos, despesas de locomoção, telefone e material de trabalho (ver Ilustração 12.2, p.145).

Previsão de custos

Procure sempre calcular o orçamento de um ano tendo como base os gastos realizados no ano anterior. Estude os números cuidadosamente para ver quando houve superestimativa ou subestimativa e ajuste-os corretamente. Seja realista. Em uma situação onde você deve negociar o seu orçamento (quase sempre), confrontando-o com o de outros departamentos, é bom deixar uma margem de folga e estar preparado para justificar os gastos previstos em cada um dos itens. Lembre-se de prever a inflação e dar a si mesmo flexibilidade para trabalhar dentro do que foi planejado. Por precaução, é melhor superestimar. Preveja suas necessidades e planeje um orçamento de contingência para cobrir situações inesperadas que podem ser caras, como uma cobertura eleitoral, por exemplo.

Os cortes

Você poderá ser obrigado a reduzir despesas pelas mais variadas razões. Por exemplo, por estar superando o previsto no orçamento inicial ou porque a área administrativa está determinando um corte em todos os setores da emissora.

Não entre em pânico. Primeiro, tente limitar os cortes aos setores em que eles forem menos prejudiciais, reduzindo, por exemplo, gastos com a compra de material de agências ou com o deslocamento de repórteres. Se a situação ficar realmente ruim, você deverá considerar a possibilidade de cortar os gastos de maneira drástica. Contudo, é necessário garantir a produção jornalística da melhor maneira possível. Seu objetivo será o de encontrar soluções criativas em meio à crise para que o serviço que vai ao ar permaneça normal. Na medida do possível, os boletins informativos devem permanecer inalterados.

Eis aqui algumas sugestões para um gradual corte de despesas:

- corte parte do material comprado das agências, especialmente os referentes às coberturas de casos de menor importância nos tribunais.
- corte os gastos com o deslocamento de repórteres para entrevistas face a face. Só mantenha esse tipo de entrevista quando houver alta probabilidade de se conseguir uma boa gravação, com som ambiente. Não se justifica uma entrevista externa feita "em um local silencioso". Faça entrevistas pelo telefone, ou, melhor ainda, traga os entrevistados para o estúdio.
- não use jornalistas *free lances*. Cubra os acontecimentos com o seu próprio pessoal.
- reduza o consumo desnecessário de material na redação. Reveja o uso de papéis-carbono caros. Não compre material sofisticado, como canetas de alta qualidade.
- reduza o uso dos telefones até às 13h. Obviamente, os telefonemas para verificar ocorrências nos serviços de emergência devem ser feitos, mas você vai se surpreender vendo como muitas ligações são desnecessárias. Isso pode ser feito com um rápido lembrete antes de tirar o fone do gancho.

Se mais cortes forem necessários, você deve — de comum acordo com o diretor de programação ou com o editor-executivo — promover uma reestruturação dos boletins diários para garantir que a maior parte dos recursos seja destinada aos que conseguem maior audiência, geralmente aqueles transmitidos nas primeiras horas da manhã. Acima de tudo, tente fazer as reduções de despesas sem chegar aos cortes mais dramáticos que impliquem redução do pessoal. As pessoas são os principais recursos da emissora e, como gerente, você deve fazer de tudo para protegê-las.

RECLAMAÇÕES

Por mais cuidado que você tenha, erros sempre acontecem. Muitos jornalistas não gostam de ouvir dizer que erram, muito menos, de admitir um erro publicamente, através do rádio. Mas as reclamações precisam ser ouvidas e tratadas seriamente.

Reclamações por telefone

As pessoas que reclamam por telefone podem ser tanto grosseiras, como bem-educadas. Qualquer que seja a atitude delas, mantenha a calma e a cortesia. Primeiro pergunte o nome, o endereço e o número de telefone da pessoa que ligou. Se ela tiver uma reclamação justa para fazer, não se negará a fornecer esses dados. Então, deixe o ouvinte falar tudo o que quiser, explicando por que está aborrecido. Não tente interrompê-lo ou se colocar numa posição defensiva. Tome notas. Muitas vezes, apenas o ato de conversar com uma pessoa sobre sua reclamação evita que ela leve o caso à frente e dê o assunto por encerrado. Aconteça o que acontecer, aja antes de reagir. A melhor resposta para o ouvinte é dizer que você vai se informar e que lhe telefonará de volta. Algumas emissoras costumam registrar as queixas e têm um formulário específico para isso.

Correções

Certifique-se, primeiro, se o erro realmente ocorreu. Um surpreendente número de reclamações é proveniente de mal-entendidos: ou o ouvinte não entendeu direito o que foi dito no ar ou a reclamação se refere ao que ele ouviu em outra emissora, de nome parecido. Algumas reclamações costumam ser feitas por pessoas que souberam da informação, considerada errada, por meio de terceiros. Consulte os arquivos do computador, os textos e as gravações em fita (a gravação de tudo o que foi transmitido pela emissora e que é guardado por certo período de tempo).

Se você realmente cometeu um erro, desculpe-se e tente, de forma tranqüila, acalmar o ouvinte. Nunca ponha a culpa em outra pessoa. Se a notícia errada veio de uma agência, diga simplesmente que o texto foi elaborado, de boa-fé, por um experiente jornalista. É difícil decidir, em meio ao trabalho diário, quando uma desculpa deve ser pública e não apenas transmitida particularmente ao ouvinte que fez a reclamação. Algumas vezes, ele exige a desculpa. Se você estiver errado, deverá fazê-lo, mas correções e desculpas no ar são raras e decididas apenas pelos chefes de redação ou pelos diretores da emissora. Elas devem ser transmitidas num horário correspondente àquele que a informação original foi ao ar.

Lembre-se de que os ouvintes em geral o admirarão por você admitir o erro e não tentar enganá-los.

Advogados

Quando uma carta de um advogado chega à redação, pode criar um clima de preocupação e desânimo. Não se assuste se você receber uma. Mas nunca a ignore (Ilustração 12.3).

Normalmente eles pedem transcrições de alguma coisa que foi transmitida. Você é quem decide se vai atender ou não ao pedido. No fim você

CHANTLER, HARRIS & CIA.

ADVOGADOS

BANK CHAMBERS, 14 TAVISTOCK STREET
CANNING, SOMERSET CGI 4ER
TELEPHONE CANNING 23908 (5 RAMAIS)
FACSIMILE CANNING 33618

Ao Editor de Jornalismo
Rádio Newtoon Ltda.
Tolworth Cross
Canning
CG2 4RR

14 de junho de 1996
Nossa referência: MBW/AG

Prezado senhor,

Nós recebemos procuração do sr. John Doe, diretor-gerente da AB Engenharia Ltda., Priorswood, Canning, para tratarmos com V.Sª a respeito da entrevista transmitida no dia 1º de junho último, por essa emissora, com o sr. Richard Roe, delegado sindical do Sindicato de Operadores de Máquinas.
Certamente V.Sª tem conhecimento de que está havendo neste momento uma disputa entre a companhia empregadora, nossa cliente, e o Sindicato de Operadores. Fomos informados que as seguintes palavras do sr. Roe foram transmitidas literalmente por vossa emissora: "O problema real é que a direção da AB Engenharia é incompetente. Eu não sei se o diretor-gerente consegue medir um pedaço de barbante e dar a resposta certa. Eles não dirigem nada. Pelo que eu pude ver, eles não sabem nada de engenharia".
Os assessores jurídicos de V.Sª devem tê-lo informado que a transmissão dessas declarações pela Rádio Wessex caracterizam um ato de difamação contra o nosso cliente, e fomos instruídos no sentido de buscar um ressarcimento pelos danos causados por esse fato.
Desde que isso aconteceu, nosso cliente está encontrando muita dificuldade em seu trabalho, prejudicando a companhia, em razão de um ataque totalmente injustificado feito pelo sr. Roe e transmitido por vossa emissora.
Estamos anexando a esta carta um pedido de desculpas que solicitamos seja colocado no ar, no mesmo programa em que foram feitas as acusações, dentro de sete dias, a contar de hoje. Por favor, informe-nos quando isso será feito.
Além disso, a menos que recebamos uma confirmação por escrito dentro de sete dias, sobre sua intenção de indenizar nosso cliente pelos danos sofridos, com uma quantia razoável em dinheiro, entraremos com uma ação judicial nesse sentido, junto com um pedido de ressarcimento dos custos e despesas processuais, sem nenhuma outra comunicação posterior.
Aguardamos uma resposta dentro do prazo estabelecido.

Atenciosamente,

Por Chantler, Harris & Cia.

GEORGE BURROWS, STEPHEN BURROWS, MICHAEL WOOLACOTT LL. B., JULIAN RUNDLE
ESTA EMPRESA É REGULAMENTADA PELA LEI DAS SOCIEDADES DE
INVESTIMENTOS

Ilustração 12.3 — Uma carta (fictícia) de um advogado acusando a emissora de rádio de ter transmitido matéria difamatória. Consulte sempre o seu advogado para elaborar a resposta.

pode ser forçado a isso. O melhor conselho nessa situação é consultar o seu advogado. Isso pode custar caro, mas é importante que você tenha certeza de que suas atitudes estão legalmente corretas e que tudo está sendo feito dentro da lei. Seu advogado o aconselhará quando você deve admitir um erro publicamente e o auxiliará na elaboração da resposta.

Se você mesmo responder à carta de um advogado, tenha o cuidado de colocar as palavras "Sem Prejuízo". Isso impede qualquer ação legal contra o que você escreveu. Procure saber também se sua empresa tem um seguro específico que poderá estar à disposição, caso você seja levado ao tribunal sob acusação de calúnia ou difamação.

Na BBC, há uma assessoria jurídica funcionando 24 horas por dia, que pode ser consultada gratuitamente pelos jornalistas da emissora.

Os órgãos reguladores

Há três órgãos reguladores do rádio e da televisão com os quais você vai ter de manter contato. São a Radio Authority (para as emissoras comerciais), a Comissão de Reclamações do Rádio e da Televisão e o Conselho de Qualidade do Rádio e da TV.*

A *Radio Authority* determina que as emissoras guardem suas gravações por 42 dias. Além desse tempo, não é necessário mantê-las, e possíveis reclamações que cheguem fora desse prazo não têm amparo legal. Serão investigadas pela Radio Authority reclamações por imprecisões, desvios e ofensas, que se transformarão em ações quando isso for necessário. Ela pode advertir a emissora, exigir desculpas públicas ou correções, e também impor uma penalidade, que pode ser uma advertência, uma multa, a diminuição do tempo da concessão ou mesmo a sua cassação. A Radio Authority publica regularmente um Código de Prática que inclui normas para programas jornalísticos e de atualidades.

A *Comissão de Reclamações do Rádio e da Televisão* é um órgão oficial que atende às queixas das pessoas que tenham se sentido injustiçadas com o tratamento recebido das emissoras ou que tiveram sua privacidade invadida. Depois do julgamento, a Comissão pode determinar a publicação das suas conclusões.

O *Conselho de Qualidade do Rádio e da Televisão* analisa reclamações sobre violência, conduta sexual e padrões de gosto e decência em programas e anúncios. Depois do julgamento, a Comissão também pode pedir a publicação de suas conclusões.

---

* A Lei de Rádio e Televisão de 1996 transferiu para o Conselho de Qualidade as funções antes exercidas pela Comissão de Reclamações, reduzinda a dois o número de órgãos reguladores. (N. do T.)

Privacidade

Grande parte das reclamações recebidas pelas emissoras de rádio diz respeito a possíveis invasões de privacidade. Você deve sempre ter em mente o seguinte:

Entrevistas por telefone são potencialmente perigosas. Todas as pessoas entrevistadas dessa forma devem saber que a conversa está sendo gravada e autorizar sua transmissão.

Microfones ocultos só devem ser usados em último caso. Antes de transmitir qualquer gravação realizada com um microfone oculto, é necessário fazer uma consulta aos escalões superiores da BBC ou da Radio Authority, quando se tratar de emissora comercial.

Faixas exclusivas. É ilegal retransmitir qualquer material gravado das faixas exclusivas dos serviços de emergência ou da aviação.

Crianças. Qualquer entrevista com crianças, sem a autorização dos pais, requer muito cuidado. Elas não devem ser entrevistadas sobre assuntos privados da família.

A CONQUISTA DA AUDIÊNCIA

O jornalismo deve ser analisado dentro do contexto de toda a programação da emissora. Ele não conseguirá nenhum destaque se a rádio não tiver audiência. Como a maioria dos aparelhos receptores de rádio atualmente possui teclas de pré-sintonia das estações, fica fácil para o ouvinte mudar de emissora quando a programação está cansativa, irritante ou pouco atraente. É tarefa da redação de jornalismo, junto com todos os outros programadores, contribuir para manter os ouvintes sintonizados em sua emissora o maior tempo possível.

Índices de audiência

O sucesso de uma rádio é normalmente atestado pelos índices de audiência. Eles são a chave para a conquista de receitas publicitárias pelas emissoras comerciais e para justificar a licença paga pelos ouvintes para manter a BBC.

Os índices de audiência são produzidos tanto para a BBC como para as rádios comerciais, pela RAJAR (Radio Audience Joint Research) que é a companhia responsável pelos sistemas de audiência no Reino Unido. Diariamente, são pesquisados grupos de pessoas selecionados demograficamente e de forma representativa, em regiões específicas, para saber não apenas que emissora de rádio estão ouvindo, mas também por quanto tempo. Esses dados são analisados e, a partir deles, são criados os índices de audiência.

As pesquisas da RAJAR — ou "varreduras" — são feitas ininterruptamente. Contudo, muitas emissoras locais só recebem seus resultados de audiência uma ou duas vezes ao ano, dependendo do tamanho de sua audiência potencial. As pesquisas são "fechadas" a cada três meses, e os resultados publicados depois de, pelo menos, um mês e meio.

Elas mostram a audiência semanal de cada emissora — que é o número de ouvintes que sintonizaram a rádio por um período mínimo de tempo — expressa em milhares de ouvintes ou em porcentagem do total da população. Mostram também as "médias horárias" — que é a média do número de horas que cada ouvinte sintonizou a emissora em cada semana — e também a "distribuição do mercado" ou a porcentagem do total de ouvintes sintonizados numa estação, comparado com o total das outras na mesma área. É possível saber o total do número de ouvintes a cada meia hora durante todo o dia e ter uma análise do seu perfil demográfico. Por exemplo, você pode saber se sua programação agrada mais às mulheres com idades entre 25 e 34 anos ou aos homens com idade superior a 55.

Definição do público

Um crescente número de editores de jornalismo acredita que é preciso levar em conta não apenas as tradicionais vantagens do rádio sobre os outros meios de comunicação, mas ir além, transmitindo informações para grupos específicos de ouvintes.

Eles levam em consideração o perfil da audiência da emissora como um todo para decidir que tipo de notícias devem ser cobertas. Por exemplo, uma rádio especializada em sucessos musicais deve produzir notícias a respeito dos *pop stars* que são importantes para seus ouvintes. Uma emissora que transmite música negra deve noticiar fatos a respeito da comunidade negra. É seu dever falar para aqueles que procuram a sua emissora com um interesse específico. Uma forma de identificar esses interesses, e saber por que aqueles ouvintes estão sintonizados na sua emissora, pode ser feita pelo tipo de música que apreciam. Use esses dados para produzir informações sobre música e outros acontecimentos a ela relacionados. Se a faixa etária de seu público estiver entre 25 e 44 anos, é importante destacar notícias sobre compra de casas e educação infantil. Se a idade média dos ouvintes for superior a 55 anos, você deve falar mais sobre questões ligadas à aposentadoria.

Preste atenção aos índices de audiência e à distribuição regional desses índices. Eles podem lhe dar pistas sobre que tipo de notícia deve ser regularmente coberta. A chave disso está na frase: torne sua notícia importante para o ouvinte.

Muitas emissoras estão criando agora projetos de pesquisa para estimar o valor dado pelo público ao jornalismo. Para isso, formam grupos de discussão que se reúnem para dizer do que gostam e do que não gostam nos noticiários. Mas, cuidado, muitas vezes as pessoas que falam em grupos, dizem mais as coisas que acham que você quer ouvir do que o que realmente estão pensando. Essas pesquisas devem ser usadas simplesmente como uma orientação e devem ser vistas apenas como um dos instrumentos à disposição do editor de jornalismo para a elaboração dos seus programas. Você nunca deve ser levado a agir tendo como base apenas os dados de uma pesquisa.

Formato dos programas

Há várias formas diferentes de apresentar notícias no rádio. A mais tradicional é o boletim das "horas cheias". Algumas emissoras, no entanto, preferem transmitir seus noticiários aos cinco minutos de cada hora, aos trinta minutos e mesmo aos vinte. A razão disso é fugir da grande concorrência existente entre as emissoras que transmitem os boletins nas "horas cheias" e pegar os ouvintes que estão à procura de notícias fora daquele horário tradicional.

A transmissão constante de notícias é também um formato muito usado. São informações dadas a todo momento, lidas pelo apresentador de um programa, por um *disc-jockey* ou por um locutor de notícias. As rádios locais da BBC vêm ampliando o tempo dedicado ao noticiário, e muitas de suas emissoras só transmitem informações nos horários de maior audiência. Essa programação inclui, além dos boletins de notícias, entrevistas ao vivo e informações sobre assuntos específicos.

Outros formatos que vêm se tornando comuns incluem as conversas entre o *disc-jockey* e o jornalista. Eles apresentam em conjunto de programas que misturam música e conversas informais a respeito do noticiário. As entrevistas ao vivo se encaixam melhor nesse tipo de programa. Outro tipo de entrevista que está se tornando comum nas emissoras comerciais é a que é feita no meio de um programa de variedades, especialmente na parte da manhã. Trata-se de um *show* de que participam o *disc-jockey*, o repórter de viagens ou turismo e outras pessoas no estúdio. Quando isso acontece, é importante saber que, entre a alegria e a frivolidade, o apresentador ou a apresentadora dos noticiários não deve se envolver com o entretenimento, pois isso faz com que perca a credibilidade necessária para sustentar as informações dadas a respeito de assuntos sérios, e às vezes trágicos, do noticiário.

Para criar um estilo próprio de apresentação do noticiário é necessário inseri-lo no padrão geral da programação da emissora como um todo. A apresentação das notícias no Serviço Mundial da BBC não tem o mesmo formato do jornalismo das rádios voltadas para os grandes sucessos da música popular ou vice-versa. Pense no ouvinte e no que ele quer. Qualquer que seja o estilo que você tenha escolhido para a apresentação do noticiário, o mais importante é que ele dê credibilidade à informação.

PROMOÇÃO

Lembre-se da importância de fazer uma boa promoção do noticiário. Diga às pessoas como são bem-feitos os seus boletins. Outros programas da sua emissora "vendem-se" no ar, por que não fazer o mesmo com o noticiário? Se alguma coisa é bem-feita, por que não promovê-la bem?

Patrocínio?

O patrocínio do noticiário não é permitido nas emissoras comerciais britânicas. Isso se deve ao receio de que a independência editorial venha a ser comprometida. Por exemplo, se o patrocinador é uma indústria química, fica muito difícil transmitir uma notícia criticando essa empresa.

Contudo, o jornalismo é um negócio caro, e há posições que defendem o patrocínio de algumas partes do noticiário, como a meteorologia e as informações sobre viagens e transportes. Não há falta de empresas dispostas a ter seu nome associado a um boletim de notícias pela credibilidade que ele transmite. Muitas emissoras comerciais veiculam anúncios especiais, chamados Newslink, nos horários de maior audiência. Há comerciais colocados próximos aos boletins de notícias e, por isso, têm preços mais elevados. A IRN financia os custos operacionais da venda desses anúncios e devolve para as emissoras parte da receita obtida em troca do espaço de tempo utilizado. Dessa forma, as emissoras não precisam pagar nenhuma taxa pelo serviço da IRN e ainda recebem algum dinheiro por isso.

Talvez, no futuro, comerciais mais diretos sejam permitidos nos boletins de notícias, reduzindo o custo do jornalismo das pequenas emissoras. No entanto, se isso ocorrer, é vital que se mantenha a integridade editorial do jornalismo e que se garanta sua independência. Os patrocinadores atuais são impedidos de interferir numa notícia que os critique ou que lhes traga uma imagem ruim. Os futuros patrocinadores devem concordar com regras semelhantes.

CAPÍTULO 13

PEQUENAS REDAÇÕES

É cada vez maior o número de pequenas emissoras de rádio que está indo ao ar. Essas estações têm orçamentos apertados e montam suas redações com apenas um ou dois jornalistas. As técnicas e a organização adotadas devem ser diferentes daquelas usadas nas grandes redações. A chave é lembrar que você não pode fazer tudo de uma vez. Nem tente. Aprenda a fazer uma escala de prioridades (Ilustração 13.1).

---

1. Criar seu próprio espaço
2. Adquirir máquina de escrever, cadeira, mesa, telefone, laudas, agenda telefônica, agenda de compromissos diários, arquivo.
3. Adquirir gravador portátil, microfone, cabos para ligar o gravador aos cartuchos, gravador de mesa, secretária eletrônica, cartuchos, etiquetas, equipamentos para edição.
4. Fazer contatos com os serviços de emergência.
5. Fazer contatos com deputados e vereadores.
6. Fazer contatos com organizações de voluntários.
7. Fazer contatos com jornalistas *free lances.*
8. Criar um arquivo de pastas para organizar o fluxo de informações.
9. Criar uma lista de telefones das fontes de informação.
10. Acertar os horários dos boletins de notícias com o diretor de programação.
11. Recrutar pessoal dentro do orçamento.
12. Iniciar uma lista de possíveis notícias.
13. Gravar uma série de entrevistas "de gaveta" para os primeiros dias de transmissão.
14. Gravar uma ou duas entrevistas exclusivas para o primeiro dia de transmissão.
15. Gravar pilotos dos boletins de notícias utilizando sua lista de contatos telefônicos, escrevendo textos a partir dos *press-releases* e realizando entrevistas.

Ilustração 13.1 — Lista de providências para a montagem de uma redação de rádio.

Tarefas iniciais

Quando você está montando uma redação, parece que tudo é difícil de ser concluído. Esse trabalho gira todo em torno de você, que terá muita sorte se tiver um telefone à disposição.

É preciso criar o seu próprio espaço — de preferência uma sala — com um telefone, mesa, cadeira, máquina de escrever (ou um processador de textos), uma boa quantidade de laudas em branco, uma agenda dos contatos telefônicos, uma agenda de compromissos e um arquivo. É claro que, no momento da transmissão, isso precisa ser complementado por um gravador e outros equipamentos técnicos necessários para colocar as notícias no ar. Uma vez conseguidos esses recursos básicos, você pode então iniciar o seu trabalho principal: falar para o público e manter um fluxo contínuo de notícias chegando à redação. Na realidade, você precisa de pelo menos três semanas para isso, embora em algumas circunstâncias esse trabalho possa ser feito em menos tempo.

Os contatos

Sua principal tarefa, depois de instalar a redação, deve ser a de informar ao público quem você é, quando irá transmitir o noticiário e como as pessoas podem entrar em contato com a redação.

No primeiro momento, é preciso contatar os serviços de emergência (polícia, bombeiros e hospitais), os vereadores e os deputados da região. O passo seguinte é falar com o maior número possível de organizações voluntárias. Você deverá conhecer também os jornalistas *free lances* e as agências de notícias que possam vir a trabalhar com a sua emissora.

É importante telefonar para os assessores de imprensa dos serviços de emergência e marcar uma visita. Ao fazer isso, dê uma lista dos seus números de telefone e algum material publicitário de sua emissora. Tente se tornar amigo deles. Tenha em mente que eles já possuem outras prioridades no que diz respeito aos jornais e às emissoras de rádio e que você ainda é um desconhecido. Conte-lhes como é sua emissora, que tipo de público pretende atingir, qual a data de estréia, quais serão os seus programas jornalísticos e de que tipo de ajuda você vai precisar. É importante combinar quais os horários em que você poderá telefonar, diariamente, para obter informações.

É preciso também visitar as assessorias de imprensa da Câmara e da Prefeitura. Procure conseguir que seu endereço seja incluído na relação de pessoas que recebem rotineiramente informativos desses órgãos, como agendas, resumos de discursos e *press-releases*. Escreva uma carta para todos os vereadores. Então, tire cópias e pergunte se o serviço de distribuição de correspondência da Câmara pode fazer as entregas. É preciso que as pessoas saibam de sua existência e conheçam as formas de entrar em contato com você. Faça o mesmo com os deputados. Estabeleça contato com as organizações locais de voluntários. Normalmente, existe uma organização "guarda-chuva" que agrupa uma série de outras. Pergunte se ela não poderá enviar uma circular escrita por você para todos os seus integrantes junto com suas próximas circulares. Faça o mesmo com outras organizações locais como a Câmara de Comércio.

A todo momento você precisará estar falando sobre sua emissora, sua audiência potencial e sobre você mesmo. É necessário divulgar as formas de serviço público prestadas pelo rádio em geral e por sua emissora em particular. Com isso, rapidamente você terá um expressivo fluxo de notícias chegando à nova redação.

Necessidades técnicas

O mínimo que você precisa é de um gravador portátil, um microfone, cabos para passar o som do gravador para os cartuchos ou para o disco rígido do computador, meios para gravar entrevistas feitas por telefone, instrumentos para editar, tanto com o gravador de rolo quanto na tela do computador, um estúdio onde você possa gravar entrevistas face a face, e uma boa quantidade de cartuchos, etiquetas e *kits* de edição.

Sistema de arquivo

Com os *press-releases* e as informações dos órgãos públicos chegando à redação, é necessário criar um sistema de arquivos para dar conta disso. Eles são os seguintes:

Arquivo diário —	Dois conjuntos de pastas, numeradas de 1 a 31, correspondendo aos dias do mês. Use um conjunto para o mês em curso e o outro para o mês vindouro. Tenha de reserva um outro conjunto, além desses. Quando as informações sobre eventos chegarem à redação, anote-as na data apropriada do diário de mesa e arquive a papelada que veio junto na pasta do respectivo dia.

Arquivo de fontes —	Algumas redações preferem listar os nomes e os telefones das fontes de informação num livro com um índice de A a Z. Você pode criar também um arquivo de fontes no seu computador que pode ser visto na tela.
Arquivo base —	Informações gerais que dão sustentação às notícias, como recortes de jornais, *press-releases* e material semelhante são arquivados sob títulos específicos para identificar o assunto de que tratam. Deve haver uma pasta para cada Prefeitura da região e para cada serviço de emergência, bem como pastas para temas como escolas, ônibus, trens e outros assuntos específicos.
Arquivo geral —	Uma vez transmitido, o boletim precisa ser arquivado para eventuais usos futuros. Há várias formas de fazer isso. Nas redações informatizadas, você pode criar um arquivo no seu sistema. Uma das formas mais simples é ter um fichário para cada mês e colocar nele o material transmitido ao final de cada dia.
Arquivo de cartas —	Guarde uma cópia de cada carta que você receber ou enviar. Uma organização por assuntos ajuda muito.
Arquivo futuro —	Mantenha um arquivo geral de informações que possam render matéria no futuro, com recortes de jornais ou *press-releases*.

Há ainda mais um arquivo — possivelmente o mais importante de todos. É o "arquivo circular", isto é, a lata de lixo. Atualmente, é importante que as redações guardem o máximo de material possível porque não se sabe ao certo o que poderá ser útil, mas você poderá começar a receber *releases* comerciais não solicitados, um verdadeiro lixo, que não terão nenhuma importância para os seus ouvintes. Jogue-os fora. Mas tenha cuidado de ler tudo o que você recebe. Você nunca sabe onde se esconde uma boa história!

A agenda de telefones

A lista de telefones dos serviços de emergência precisa ser escrita num papel, afixada em uma parede onde a leitura seja fácil ou, de preferência, gravada na memória do telefone. É necessário que ela contenha todos os números usados com mais freqüência e, se já estiver escrita quando chegar às suas mãos, contendo uma lista de funcionários públicos que podem ser contatados, é preciso saber quem a redigiu e há quanto tempo. Linhas diretas podem ser usadas quando isso for possível, especialmente para acessar informações pré-gravadas pelos serviços de emergência.

Quando você montar sua lista de telefones e colocar nela os números daqueles serviços, fixe os horários das "rodadas de chamadas". Por exemplo, para uma emissora com boletins noticiosos apartir das 6h até às 15h, diariamente, é necessário marcar as chamadas para 5 e 9h, para o meiodia, para as 14 e 17h. O mais importante é saber se essa freqüência é suficiente para satisfazer às suas necessidades editoriais sem transformá-lo num chato.

A preparação para a estréia

Há numerosas tarefas a serem feitas simultaneamente na preparação para o primeiro dia de transmissões.

Além da realização dos contatos e da organização dos arquivos, é preciso começar a buscar histórias que possam virar notícia e fazer entrevistas para a "gaveta". Tente organizar uma lista desses casos quando estiver fazendo os seus contatos. Pergunte a cada pessoa contatada como ela vê a principal publicação local. Leia os jornais locais integralmente. Aproveite o período anterior à primeira transmissão como uma oportunidade para reunir a maior quantidade possível de material. Lembre-se de que isso é um luxo se for comparado com a rotina de uma redação em pleno funcionamento. Com a estação no ar, há a responsabilidade de produzir boletins a cada hora, e não haverá tempo para andar atrás das pessoas para gravar entrevistas ou de conversar com elas em profundidade. Aí você terá de confiar na qualidade dos contatos que fez antes do lançamento da rádio.

Torna-se necessário, também, discutir com o diretor de programação qual a quantidade de notícias que será transmitida a cada dia. Deverá mesmo haver um boletim a cada hora enquanto a emissora contar com apenas um jornalista em seu quadro? Será ainda aquele mesmo jornalista o responsável por coletar o material informativo a ser transmitido na manhã seguinte? É óbvia a importância de que os principais boletins sejam programados para o começo da manhã quando há uma audiência muito maior. Mas deverá haver meia hora de manchetes ou um noticiário renovado a cada vinte minutos? São questões que precisam ser respondidas em conversas com os programadores e confrontadas com os recursos e com o pessoal que você tem disponível. Tente não fazer tudo muito depressa. É mais fácil ir construindo um bom serviço informativo aos poucos do que começar muito bem e depois ser obrigado a reduzir a qualidade por falta de recursos.

Informações exclusivas

Durante o período de preparação para colocar a rádio no ar, é sempre bom produzir certo número de matérias exclusivas, deixando-as prontas para os primeiros dias de transmissão. Tenha certeza de que um grande número de pessoas estará ouvindo a sua emissora por curiosidade nesse período inicial. Por isso, é importante dar o maior impacto possível à programação. Procure encontrar novos ângulos para acontecimentos que marcaram a vida local; convença as pessoas de destaque da região a contar suas sensações a respeito dessas histórias; descubra e divulgue a existência de novos projetos para a área. Lembre-se de preparar uma matéria exclusiva para o dia do lançamento e duas outras para serem usadas durante a primeira semana.

CONTRATAÇÃO DO PESSOAL

Sua emissora pode ter um orçamento apertado, que permita empregar apenas uma pessoa na redação ou, em outros casos, pode haver a sorte de possuir recursos suficientes para contratar outros profissionais. Se for este o seu caso, suponhamos que você tenha boa experiência em rádio, mas esteja há pouco tempo na região. É importante, então, contratar pessoas com um conhecimento básico do local.

O melhor lugar para fazer isso é no jornal. Você provavelmente terá contato com os jornalistas que cobrirão a instalação da nova emissora de rádio da cidade. Sempre haverá, entre eles, alguns com interesse em trabalhar na rádio e à espera de uma oportunidade.

Se o orçamento permitir, coloque um anúncio na imprensa. Cuidado, no entanto, com os seus termos. Você precisa ser claro acerca dos deveres, das responsabilidades, das oportunidades e do salário oferecido.

Tente organizar uma pequena lista de candidatos e convide-os para uma entrevista. Você deve realizá-la junto com o diretor de programação, observando as seguintes qualidades nos entrevistados:

- boa voz;
- personalidade cordial;

- evidência de habilidade profissional;
- evidência de interesse pelo rádio;
- capacidade de perceber detalhes;
- familiaridade com os princípios básicos da lei;
- conhecimento da administração pública;
- experiência (ou pelo menos interesse) no trato com os aspectos técnicos do rádio;
- conhecimento da região.

Acima de tudo, é importante contratar pessoas com as quais você sinta que pode realizar um bom trabalho. Vocês irão trabalhar juntos, numa equipe muito pequena. É preciso que elas tenham confiança em si, trabalhem duro e possuam habilidades complementares às suas. É necessário, ainda, que essas pessoas demonstrem ter bom senso e atitudes positivas.

Treinamento

Se os candidatos não tiverem experiência em rádio, mas você perceber uma boa potencialidade para o trabalho, dê-lhes um treinamento rápido para que possam dominar os fundamentos básicos do veículo. De preferência, contrate-os por um período experimental ou inscreva-os num curso de iniciação ao rádio. Você pode, ainda, dar-lhes um exemplar deste livro!

Lembre-se de que o treinamento do pessoal é básico para o desenvolvimento das carreiras profissionais, e com isso você pode delegar mais tarefas para outras pessoas. Para um editor de jornalismo, tanto numa pequena como numa grande redação, o valor do treinamento individual é importante. Selecione sempre trechos de uma reportagem que você tenha considerado problemáticos, ou de um boletim, e mostre para o seu pessoal dizendo por que você não gostou daquele trabalho (também é muito importante mostrar o que você gostou!).

CAPÍTULO 14

PROGRAMAS ESPECIALIZADOS

O RADIOJORNAL

O radiojornal é um programa diferente do boletim. Nele as notícias mais antigas podem ser aproveitadas e outras, mais aprofundadas. As notícias mais antigas são de horas atrás, não de dias. Um radiojornal às 18h, por exemplo, pode noticiar alguns acontecimentos do dia, com detalhes; fatos que estão ocorrendo naquele momento e os previstos para as horas seguintes. É bom lembrar que muitos dos ouvintes desse programa não receberam nenhuma informação desde que saíram para o trabalho, pela manhã. A apresentação desses radiojornais também é bem diferente. Eles podem ser menos formais e podem ser apresentados por duas pessoas, em forma de diálogo. Algumas vezes chegam a se transformar em uma conversa entre dois locutores. Os radiojornais podem, ainda, ter comentaristas ou especialistas convidados para dar opiniões ou notícias sobre o trânsito ou o mercado financeiro. (Ilustração 14.1).

Um formato típico

Este é um modelo fictício, mas típico, de um radiojornal da tarde, numa emissora comercial, ancorado por dois apresentadores:

17:00	Música de abertura, com as manchetes — JANE
00:30	Vinhetas — JANE
01:00	Boletim de notícias — JOHN
05:00	Estradas — JUSTINE (por intermédio do serviço do Automóvel Clube)
06:30	INTERVALO 1
09:00	Entrevista ao vivo 1 — JANE
11.00	Matéria 1 — ABERTURA por JOHN

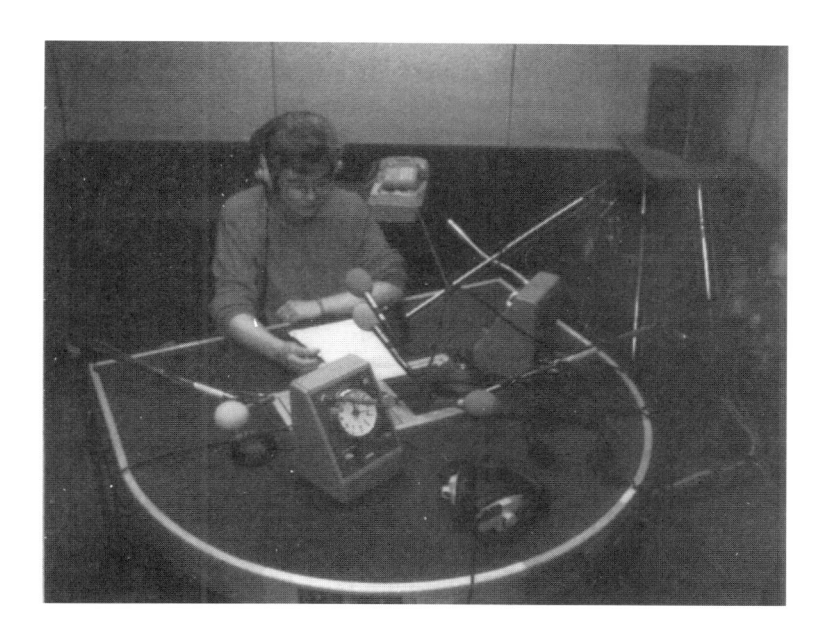

Ilustração 14.1 — Um estúdio completo de entrevistas da BBC Ulster, com microfones, fones de ouvido e um relógio portátil. Note também que o sinal luminoso de "no ar" fica bem mais visível em frente ao locutor do que se estivesse colocado na parede. *Cortesia: Tim Arnold*

13:00	INTERVALO 2
15:00	Manchetes JANE
16:00	Noticiário financeiro
18:00	Entrevista ao vivo — JOHN
21:00	Esportes — MICHAEL
25:00	INTERVALO 3
27:00	Matéria 2 (1'30" máx.) ABERTURA POR JANE
28:30	Manchetes — John (SINAL DE PRÉ-ENCERRAMENTO AOS 29')
29:20	Seqüência de encerramento JANE e JOHN
29:59	Música de encerramento

Este é um modelo de programa destinado a uma audiência de final de tarde, que pode estar no carro, dirigindo-se para casa, e que em poucos minutos desligará o rádio. Com um noticiário desse tipo, não é preciso acompanhar todo o programa para se ter uma idéia razoável das principais notícias do dia e ainda é possível ouvir pelo menos uma delas em profundidade.

O aviso de pré-encerramento é um som musical que começa aos 29 min e vai até aos 29:59. Ele pode ser cortado a qualquer momento, produzindo um encerramento limpo e no horário. Esse trabalho é realizado pelo produtor, pelo operador ou pelo diretor de estúdio.

Um programa desse tipo normalmente não é dirigido pelos próprios apresentadores porque eles não têm tempo suficiente para verificar se está tudo pronto para ir ao ar e ainda controlar, durante o radiojornal, as entradas dos três repórteres, as duas entrevistas ao vivo e os intervalos comerciais. Não dá para fazer tudo isso e ainda apresentar o programa.

Quando o tempo da programação estiver muito apertado, a segunda matéria poderá ser cortada. Alguns comerciais extras ou um comentário mais longo dos repórteres de esportes ou de economia muitas vezes acabam consumindo o minuto e meio que havia sido reservado para a matéria gravada.

Jingles e músicas de fundo

Jingles e outras formas de identificação sonora têm um papel importante no reconhecimento pelo ouvinte dos programas radiofônicos. É preciso haver versões separadas da música que serve de identificação do radiojornal para marcar a abertura e o encerramento do programa e ainda outras versões mais curtas, de dois ou três segundos, da mesma peça musical. Elas podem ser tocadas em diferentes momentos do programa, como acompanhando as seqüências de manchetes, para dar ao ouvinte um sentido de continuidade e lembrá-lo de que aquilo faz parte de um conjunto maior que é o radiojornal.

Várias emissoras estão fazendo isso. No entanto, tenha cuidado ao escolher esse tipo de música para evitar que ela interfira na compreensão da notícia. Preste também muita atenção no volume dessas músicas, porque se ele não for muito bem balanceado atrapalhará o ouvinte, principalmente aqueles que estão acompanhando o programa no rádio do seu carro.

REPORTAGENS ESPECIAIS E DOCUMENTÁRIOS

As reportagens especiais dão a oportunidade de contar uma história em maior profundidade. Esse tipo de matéria tem pelo menos uma sonora, com o repórter fazendo a ligação entre as diferentes partes do caso. Ela é, na verdade, uma notícia lida no estúdio e ilustrada com alguma gravação. Seu tempo pode ser de 35 segundos ou um pouco mais, contendo apenas uma sonora. O documentário jornalístico fica no outro extremo: ele pode ter uma hora de duração e apresentar várias sonoras.

Em todos os casos, no entanto, os princípios básicos são os mesmos. Uma sonora pode ser acrescentada à história, não para repetir o que o repórter disse, mas para acrescentar uma informação nova. As ligações feitas com texto para juntar uma sonora à outra podem ser redigidas como se fossem aberturas de determinado assunto, exceto — é claro — quando houver uma nítida continuidade entre elas. As aberturas devem servir para dar ao ouvinte indicações de como irá se desenvolver a notícia, com pontos que serão ampliados mais à frente ou mesmo contraditados.

A grande vantagem das matérias mais longas é que, fazendo uso correto das sonoras, os dois lados conflitantes podem ir ao ar na mesma gravação. Opiniões divergentes transmitidas numa sucessão rápida, uma seguida da outra, causam forte impacto ao ouvinte. Outra vantagem é que elas oferecem mais espaço para a criatividade, podendo-se usar efeitos sonoros e musicais junto com entrevistas.

O essencial

Aqui está o início de um documentário fictício sobre ferrovias:

TÉCNICA:	Ambiente da Estação de Bristol, Temple Meads às 5h. Desce o som e segue em fundo...
REPÓRTER:	Estação de Temple Meads, Bristol, 5h. A maior parte da cidade dorme profundamente, mas Temple Meads nunca dorme. Até no Natal há pessoas de plantão, mesmo que os trens não estejam trafegando. O administrador da área é Chris Potts...
POTTS:	Entrada: "Nós nunca podemos fechar a estação...". Saída: "...dia ou noite, nós estamos aqui".
TÉCNICA:	Sons da estação. Desce o som e segue em fundo...
REPÓRTER:	Todos os dias, milhares de pessoas usam a estação de Temple Meads. Para atendê-las, há funcionários como o chefe dos controladores de tráfego, Lee Kavanagh...
KAVANAGH:	Entrada: "Meu pai trabalhou na Great Western Railway...".

O documentário de rádio deve ter uma forma própria e uma história para contar. O produtor deve saber se haverá uma conclusão final da história para ser atingida, ou se o que se quer mostrar é apenas uma série de imagens sonoras individualizadas, que ganham importância quando colocadas juntas, num mesmo trecho gravado. Lembre-se de que as palavras das outras pessoas causam mais impacto do que as suas, e que há sons muito mais importantes do que palavras. Essa é a essência do documentário. Use todos esses recursos e seu documentário será memorável.

A produção do documentário

Produzir um documentário é um trabalho árduo. Nas rádios locais essa tarefa pode ser realizada por um só jornalista. Se você precisar ouvir umas vinte pessoas, isso quer dizer que você terá de fazer vinte contatos para agendar as entrevistas. Procure não fazer gravações muito longas. Meia hora de entrevistas representam mais de dez horas de gravação que você precisará ouvir mais tarde! O trabalho de edição, nessa escala, poderá levar muito tempo. Então, racionalize seus esforços ao iniciar. Se você quiser usar pelo menos um minuto de cada entrevistado na edição final, dez minutos de gravação serão suficientes, a menos que eles se tornem surpreendentemente fascinantes.

Procure garantir que você terá acesso às músicas e aos efeitos sonoros de que vai precisar. Seu documentário é parte de uma série? Se for, ele deve ter uma identificação própria — uma música para abertura e encerramento? Qualquer padrão musical que sirva como marca de um programa radiofônico deve ser gravado separadamente da peça completa.

A edição

Não há lugar para sentimentalismo quando você edita o seu próprio documentário. É um erro comum querer incluir muita coisa. Um documentário de uma hora, numa estação comercial, tem atualmente 48 minutos; os outros doze minutos são de intervalos comerciais. Nesses 48 minutos, você deverá mostrar competência para conseguir colocar em torno de 35 minutos de material gravado. Esse limite só será ultrapassado se as suas entradas como narrador, durante o programa, forem muito breves.

Procure vozes e sons que surpreendam o ouvinte e encontre uma maneira de utilizá-las no documentário. Comece com sons fortes, se isso corresponder ao conteúdo da matéria. Faça o ouvinte compreender que você está transmitindo informações importantes e não deixe que ele se distraia. Se você tiver em mãos algum material que aparente ser enfadonho, deixe-o fora. Mantenha o ritmo, usando sonoras curtas em vez de longos depoimentos.

Finalmente, lembre-se de que um bom programa deve ser gravado e finalizado bem antes de ir ao ar. Não se esqueça de reservar o estúdio e ter alguém para dirigir as inserções das sonoras enquanto você grava os textos de ligação entre elas. Caso contrário, você poderá ter de trabalhar sozinho, como se estivesse produzindo um boletim de notícias. Se possível, dê algum tempo entre a gravação final e a data da transmissão. Editar documentários no dia da transmissão não é recomendável, porque o trabalho feito às pressas pode não dar bons resultados.

TRANSMISSÕES EXTERNAS

Planejar uma transmissão externa é como planejar uma batalha. Você precisa ter tudo no lugar certo, no tempo certo, com os equipamentos certos. Muitas das dificuldades encontradas para transmissões externas são mais técnicas do que de pessoal. O hospital que será visitado por um membro da família real na próxima semana está situado numa região baixa, onde as ondas de rádio chegam muito fracas. Nesse caso, é necessária ou uma linha terrestre ou a localização de uma área alta para de lá transmitir o material gravado alguns instantes antes no local dos acontecimentos.

Geralmente, transmissões externas devem ser planejadas com a máxima antecedência possível — de preferência pelo menos um mês. Por exemplo, decidir cobrir uma visita real um dia antes que ela aconteça será inútil. Na prática, o repórter estará impedido de chegar perto do "trajeto real" sem a credencial emitida pelo Departamento Central de Informação. Você precisa fazer a solicitação dessas credenciais com boa antecedência (Ilustração 14.2).

Há várias formas de se realizar transmissões externas, e cada uma delas apresenta vantagens e desvantagens. As principais são:

- freqüência de rádio;
- linhas terrestres da ISDN;
- ligação telefônica;
- mensageiro.

Transmissões via rádio

A forma mais comum de as emissoras locais realizarem transmissões externas é com o uso de freqüências UHF. O transmissor do carro de reportagem utiliza essa freqüência, que também pode ser encontrada em receptores domésticos de rádio. Por isso, qualquer pessoa que tenha um aparelho com esse recurso pode captá-la. As informações transmitidas para o estúdio por UHF podem ser colocadas no ar sem problemas. Porém, assim como as demais formas de transmissão, também é vulnerável às falhas nas antenas ou transmissores. Isso pode ser mais freqüente em algumas situações espe-

Ilustração 14.2 — Um *show* transmitido da rua. O grupo de música popular Cod Red se apresenta para estudantes num espetáculo transmitido ao vivo pela Essex FM e promovido em colaboração com a polícia de Essex e uma entidade de combate às drogas da região.

cíficas, como nas transmissões feitas de regiões baixas ou em áreas com muitos edifícios ou árvores.

Quando esse tipo de transmissão for utilizado, é essencial a realização antecipada de um teste de campo. Ainda assim, tenha cuidado, porque no dia do acontecimento a ser coberto, um outro equipamento elétrico, não existente antes, pode causar interferências.

Linhas telefônicas especiais

Um meio que está se tornando mais comum para enviar os sons de uma transmissão externa para o estúdio são as linhas terrestres de uso temporário da ISDN.* São linhas de alta qualidade capazes de enviar uma grande quantidade de sinais estereofônicos para o mundo todo. Contudo, para usá-las é necessário um planejamento feito com alguns dias de antecedência para que a companhia faça as instalações necessárias. Muitas emissoras estão agora instalando pontos permanentes da ISDN, em edifícios-chave na

---

* Sigla em inglês de Rede Integrada de Serviços Digitais. (N. do T.)

sua região, como teatros e câmaras municipais, para tornar mais fácil a ligação com o estúdio quando isso for necessário.

Transmissões por telefone

As transmissões por telefone têm baixa qualidade de som e são adequadas para relatos dos repórteres e não muito mais do que isso. Os telefones celulares podem ser úteis, mas algumas vezes o sinal é fraco e sua utilização é feita sempre como último recurso. Se você precisar ir ao ar pelo telefone, procure um que funcione por meio de linhas terrestres.

Mensageiros

O uso de motociclistas para levar fitas ao estúdio deve ser feito quando todas as possibilidades de uma transmissão ao vivo parecerem perdidas. Quando isso ocorre, não há mais chance de a equipe externa acrescentar rapidamente novas informações sobre o desenrolar dos acontecimentos. Coberturas jornalísticas restritas ao serviço de mensageiros não podem ser consideradas transmissões externas, na acepção do termo.

Apresentadores de plantão

Ainda não existe uma confiança total de que as transmissões externas saiam de acordo com o que foi planejado. Elas precisam ser cuidadosamente organizadas, prevendo o que pode vir pela frente. É comum existirem sempre dois meios de comunicação prontos para ser usados na mesma transmissão: se um falhar, aciona-se o reserva. Outro elemento importante numa transmissão externa é o apresentador de plantão, que fica no estúdio pronto para entrar no ar se houver qualquer problema com o som que vem de fora.

PROGRAMAS COM TELEFONEMAS NO AR

Por muitos anos, os programas com telefonemas no ar foram o prato principal das emissoras de rádio locais. Seus críticos dizem que essa é a forma mais barata de gastar tempo de transmissão, mas ela pode ser também provocativa, interessante e útil. O que determina o sucesso de um programa desse tipo é a forma como ele é construído e planejado.

Ilustração 14.3a (acima) e b (direita) — O apresentador Dave Monk conduzindo o programa matinal, com telefonemas no ar da BBC Essex. Observe como Dave usa seus fones de ouvido para ouvir não só o que está no ar, mas também a ressonância de sua própria voz. Note também como os botões de controle de som são acionados.

Ilustração 14.4 — A assistente de estúdio Yvette Lee preparando uma ligação telefônica para ir ao ar, com o uso do comunicador visual interno do estúdio na BBC Essex.

Seleção de assuntos

Há vários tipos de programas com telefonemas no ar. Entre eles estão:

- Um debate em "linha aberta" sobre fatos do momento.
- Uma linha para um assessor convidado, como um advogado ou médico.
- Uma discussão sobre um tema específico com um convidado que pode ser, por exemplo, um político ou uma celebridade.

Para planejar uma "linha aberta" ou a discussão de um tema específico, a melhor fonte de material, indiscutivelmente, são os jornais diários, locais e nacionais. Eles, muitas vezes, dão o estímulo para o qual o ouvinte quer uma análise mais detalhada.

Trabalho no estúdio

O apresentador pode receber chamadas telefônicas fora do ar enquanto uma gravação está rodando, isso se o programa consistir de músicas e conversas telefônicas. No entanto, a melhor forma para conduzir um programa com telefonemas é fazer com que as chamadas sejam atendidas por um assistente (Ilustrações 14.3 e 14.4).

O assistente precisa escrever embaixo do nome do ouvinte que está telefonando, a área de onde ele está chamando e o número do seu telefone (para referência). Então, a chamada é completada e os detalhes são passados ao apresentador, num papel ou pelo sistema de comunicação visual interno, como a tela de um computador onde as mensagens são escritas na sala de controle e aparecem simultaneamente no estúdio.

Antes de o ouvinte ir ao ar, ele precisa diminuir o volume do seu rádio para evitar a microfonia. O retorno do som do rádio pelo telefone e os efeitos do sistema eletrônico que retardam por alguns segundos a entrada no ar dos sons que chegam pelo telefone. O assistente também deve assegurar-se de que o ouvinte é uma pessoa sensata, com questões ou comentários pertinentes.

Uma outra forma de conduzir um programa desse tipo é convidar os ouvintes a fazer chamadas antes de o programa começar, deixando os números dos seus telefones e chamando-os de volta quando o programa estiver no ar. Isso dá mais controle sobre o desenvolvimento editorial do programa.

O apresentador

Os apresentadores de programas com telefonemas no ar precisam ser fluentes, espirituosos, prudentes, provocativos e, ocasionalmente, rudes. Eles precisam ser positivos e ter capacidade de estimular uma conversa, ainda que tenham de fazer o papel de advogados do diabo. Sem dizer que precisam ter pensamento rápido, estar alerta para comentários difamatórios e ser suficientemente democráticas para permitir que todos os ouvintes que estejam no ar apresentem seus pontos de vista.

Uma precaução

Algumas emissoras usam um dispositivo eletrônico que retarda a entrada do som nos programas com telefonemas no ar. Isso significa que programas desse tipo têm cerca de dez segundos de diferença entre o momento em que as palavras são ditas e o instante em que elas vão para o ar. Isso é feito por meio de gravadores de fita especiais ou aparelhos de gravação digital. O objetivo é evitar que alguma coisa difamatória ou obscena, dita ao telefone, vá para o ar. Se isso ocorrer, as palavras podem ser apagadas alguns instantes antes da transmissão e ser substituídas pelo apresentador que entra ao vivo.

Problemas eventuais

É preciso ter muita sensibilidade para tratar com problemas decorrentes de telefonemas colocados no ar, que podem ser feitos por pessoas irresponsáveis, assumindo aspectos semelhantes ao voyeurismo. É uma grande responsabilidade que o radiojornalista tem pela frente e deve ser levada a sério.

Você precisa também de convidados especializados, tais como psiquiatras, médicos e advogados, para tratar de chamadas sobre sexo ou problemas de relacionamento, condições de saúde ou questões legais. Lembre-se: as pessoas que ligam estão usando a estação de rádio como um amigo que pode dar conselhos pessoais e imparciais. Durante esse tipo de telefonema, você não é mais um radiodifusor dirigindo-se ao público. Você passa a falar diretamente com um indivíduo, na expectativa de que outros ouvintes — que podem nunca ter coragem de ligar — se identifiquem com o problema particular que está sendo discutido.

O programa de rádio local que combina música e locução é um dos mais difíceis de dar certo. Ele é o melhor teste para se medir a capacidade de um profissional de rádio, que deve nesse caso combinar as habilidades de um DJ com as de um jornalista. É um trabalho árduo, mas pode ser altamente compensador (Ilustração 14.5).

Qualidades do apresentador

O apresentador precisa saber lidar com música, realizar entrevistas, ler textos e fazer operações técnicas. Além disso, precisa ter uma cabeça lógica e bem organizada, capaz de raciocinar e reagir rapidamente. Um bom conhecimento das notícias do momento e a habilidade de improvisar, em

Ilustração 14.5 — O DJ Martin Day apresentando de pé o seu programa matinal de futilidades na Essex FM.

vez de depender apenas do texto, são qualidades importantes. Em resumo, você precisa ser capaz de dar conta de todos e de tudo. Em geral, é mais fácil para um jornalista tornar-se também um apresentador de música do que um DJ virar jornalista.

O equilíbro correto

Na maioria dos programas é necessário ter certeza de que não há nem locução, nem música demais. A proporção exata vai ser definida pela política da emissora; as estações de rádio local da BBC, por exemplo, têm pelo menos 80% de locução nos horários nobres.

Talvez a regra mais segura para equilibrar música e locução seja a de limitar os blocos falados a, no máximo, quatro minutos, que é a duração média de uma gravação. Isso faz com que os ouvintes fiquem ligados em alguma coisa na qual eles não estão interessados, pois sabem que daí a pouco algo mais interessante para eles estará no ar. Uma entrevista com uma celebridade, por exemplo, pode ser anunciada para daqui a três blocos de quatro minutos, com músicas entre esses blocos, em vez de haver apenas um bloco de doze minutos.

A seleção das músicas é importante em programas que tenham também locução. Todas as músicas precisam ser conhecidas e populares. Por exemplo, as cinco músicas mais tocadas no momento devem ser programadas, para evitar que o ouvinte mude de estação porque ele não reconhece o que está sendo tocado. Os ouvintes são muito tolerantes com músicas de que não gostam, desde que sejam sucesso, porque elas lhes são familiares. A idéia é manter o ouvinte ligado na emissora o maior tempo possível. É preciso, para isso, informar constantemente o que vem a seguir na programação, incluindo reportagens, entrevistas e músicas.

Locução e música

É provável que esse tipo de programa tenha gravações, cartuchos, entrevistas ao vivo, transmissões externas dos carros de reportagem ou de pontos fixos, entrevistas pelo telefone, telefonemas de ouvintes no ar, notícias de trânsito, viagens e esportes e, é claro, música. Isso exige o mais alto padrão de profissionalismo para juntar todos esses elementos de forma rápida e competente.

A chave para tudo isso é a preparação e a boa organização. Antes de ir para o ar, tudo precisa ser classificado para você saber exatamente o que e quando irá usar cada coisa. As apresentações dos entrevistados devem ser escritas e algumas questões preparadas antes para evitar problemas de distração durante a entrevista ao vivo.

Quando você estiver no ar, é necessário estar pensando cinco ou dez minutos à sua frente para ter certeza de que o próximo item está pronto para ser transmitido. Você deve sempre ter uma fita de música ou CD prontos para rodar em caso de emergência.

Se você está criando um programa novo, o melhor conselho é não ser muito ambicioso logo no começo. Inicie com coisas pequenas e vá desenvolvendo-as gradualmente, enquanto vai se tornando mais capaz de manusear as técnicas e complexidades editoriais do programa.

Tente desenvolver a habilidade de falar em cima do som das músicas. É claro que não se deve falar em cima de vocais. Muitos DJs conseguem fazer isso instintivamente, depois de certo tempo, mas no começo você deve usar um cronômetro para saber a parte exata da música em cima da qual poderá falar. Isso ajuda a diminuir a diferença de som entre a música e a locução e evita quebras entre a apresentação da música e ela própria.

ELEIÇÕES

Eleições são um grande momento para o rádio. Há o burburinho da apuração, as discussões acaloradas entre os candidatos e o momento dramático da revelação dos resultados.

Mas as leis punem severamente todos aqueles que possam prejudicar a lisura de um pleito. Você deve garantir que a sua emissora de rádio não deixará o entusiasmo ultrapassar a prudência, e que atuará dentro da lei. Há um calendário que estabelece o que pode e o que não pode ser feito de acordo com a "RPA"* de 1983. Tão logo uma eleição é anunciada, o calendário começa a ser estabelecido. Vamos nos referir aqui às eleições gerais no Reino Unido, embora as regras para as eleições locais sejam similares em relação à cobertura da imprensa.

O período pré-eleitoral

No momento em que uma eleição é anunciada, o Parlamento é dissolvido e até que as indicações sejam fechadas, você deverá ser prudente ao entrevistar todos os candidatos em potencial. É um momento em que as eleições estão pendentes. Nas eleições para os governos locais, o período nor-

---

* Sigla em inglês de Lei de Representação Popular. (N. do T.)

mal de pendência entre o anúncio da eleição e sua realização é de cinco semanas.

Encerramento das inscrições

Esse é o primeiro estágio importante quando todos os candidatos em potencial vão saber se sua indicação foi confirmada pela Justiça Eleitoral. Nesse momento, "todos os candidatos a candidato" deixam de ser potenciais. Agora é preciso observar as regras de equilíbrio.

Como exemplo, vamos supor que existam quatro candidatos para uma eleição fictícia em Blanktown West. Depois da confirmação das indicações, cada candidato desse distrito precisa ter tempo igual no rádio. "Igual" pode, é claro, ser nenhum. Mas se você entrevista o candidato conservador Michael Blue, você deve dar o mesmo tempo para os outros três — não necessariamente na mesma ocasião, mas, certamente, dar um tempo exatamente igual ao oferecido ao primeiro entrevistado. Isso quer dizer todo o tempo de transmissão dado a ele, incluindo as chamadas gravadas para os noticiários seguintes e que ainda não foram para o ar.

Se 25 segundos do senhor Blue foram transmitidos depois do encerramento das indicações, mesmo que isso tenha sido gravado antes, você deve colocar o mais próximo possível 25 segundos dos outros três. Se você não fizer isso, eles poderão comunicar o fato à Justiça Eleitoral que poderá processá-lo (embora uma advertência e uma ordem para restaurar o equilíbrio sejam mais comuns). Se você oferecer espaço para todos os candidatos durante o período eleitoral (e não há lei que diga que você precisa fazer isso), é prudente deixar espaço depois de cada boletim para colocar informações ou comentários atualizados.

Programas de debates

Você pode ter a idéia de colocar os quatro candidatos para uma discussão ao vivo, nesse período. Isso é bom, mas tome alguns cuidados. Se os quatro comparecerem, eles precisam ter tempo igual, dentro do possível. A lei é clara nesse ponto e não se espera que o mediador de uma discussão ao vivo use um cronômetro. Mas não pode existir uma grande discrepância. É importante que os principais candidatos confirmem por escrito sua presença. A recusa de um ou mais deles torna arriscado levar o debate à frente porque o equilíbrio será impossível. Se um deles desiste no último momento, é razoável prosseguir, mencionando o candidato ausente pelo menos uma ou duas vezes durante o debate e explicando por que ele não está representado. O candidato pode enviar alguém para representá-lo e você deverá aceitar a

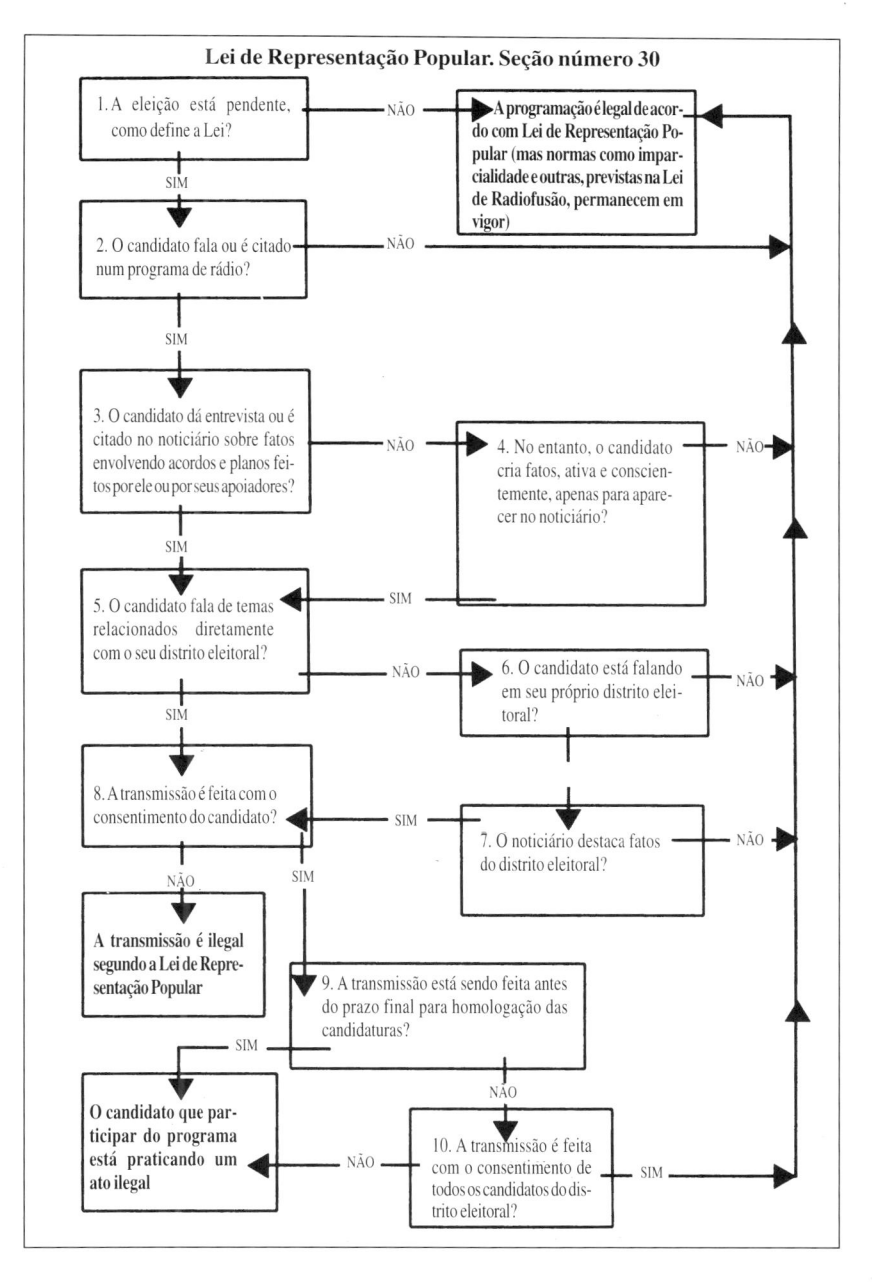

Lei de Representação Popular. Seção número 30

1. A eleição está pendente, como define a Lei?
— NÃO →
▶A programação é legal de acordo com Lei de Representação Popular (mas normas como imparcialidade e outras, previstas na Lei de Radiofusão, permanecem em vigor)

SIM ↓

2. O candidato fala ou é citado num programa de rádio?
— NÃO →

SIM ↓

3. O candidato dá entrevista ou é citado no noticiário sobre fatos envolvendo acordos e planos feitos por ele ou por seus apoiadores?
— NÃO →
4. No entanto, o candidato cria fatos, ativa e conscientemente, apenas para aparecer no noticiário?
— NÃO →

SIM ↓

5. O candidato fala de temas relacionados diretamente com o seu distrito eleitoral?
◀ SIM —
— NÃO →
6. O candidato está falando em seu próprio distrito eleitoral?
— NÃO →

SIM ↓

8. A transmissão é feita com o consentimento do candidato?
◀ SIM —
7. O noticiário destaca fatos do distrito eleitoral?
— NÃO →

NÃO ↓   SIM

A transmissão é ilegal segundo a Lei de Representação Popular

9. A transmissão está sendo feita antes do prazo final para homologação das candidaturas?

SIM —

O candidato que participar do programa está praticando um ato ilegal
◀ NÃO —
NÃO ↓
10. A transmissão é feita com o consentimento de todos os candidatos do distrito eleitoral?
— SIM →

Ilustração 14.6 — Este fluxograma ilustra o funcionamento da Lei de Representação Popular. *Cortesia: Radio Authority* escolha do substituto. Se, entretanto, no último minuto, a pessoa ausente tentar parar o programa alegando direitos legais, é prudente verificar com seu advogado antes de prosseguir.

A prática durante recentes eleições, apesar de não estar na lei, mostra que candidatos de partidos minoritários, se não estiverem presentes, podem ser mencionados pelo nome e pelo partido durante o programa. Embora o mediador da discussão deva ser imparcial, isso não impede que os programas dos candidatos ausentes possam ser apresentados por ele para discussão.

O dia da eleição

As eleições gerais começam às 7h e terminam às 22h. As eleições locais começam uma hora mais tarde e terminam uma hora mais cedo. Durante esse tempo, você não pode transmitir nenhuma propaganda política, mesmo que seja proporcional a todos os candidatos.

O noticiário das 7h deve se prender apenas aos fatos ocorridos na abertura das eleições, como as condições do tempo e outras informações sem conotações políticas. Depois das dez da noite as restrições acabam. Mas tenha cuidado para que nenhum candidato (num excesso de entusiasmo) diga alguma coisa sobre qualquer outro concorrente que possa ser considerada uma injúria. A lei de difamação não está suspensa numa eleição!

COMENTÁRIOS

O comentário é uma oportunidade para você transmitir imagens para os ouvintes. Na maioria dos casos, o acontecimento a ser comentado está numa "agenda", sendo portanto conhecido com antecedência e discutido na época de sua ocorrência. Há outro tipo de comentário — que deve ser feito num momento completamente inesperado, quando a notícia cai diante de seus olhos e você tem um microfone à sua frente. Como exemplo, quando ocorrem distúrbios na rua, ou quando você tem de comentar o mergulho de um avião em direção ao solo. Você deve burilar o que diz e ir em frente. Há vários conselhos que, normalmente, devem ser seguidos nesses momentos, exceto ficar quieto.

Planejamento

Se você vai comentar um evento importante, leia antes tudo o que puder. Se está programada uma visita da rainha a uma unidade militar, procure saber o nome de seu comandante. Se ela for ser cumprimentada pelo governador da Província, certifique-se de que você sabe não só o seu nome, mas também por que ele recebeu uma condecoração em 1944. Tenha essas coisas à mão. Não é acidental que, durante os grandes eventos nacionais, os comentaristas tenham sempre algo a dizer. É raro ocorrer um atraso numa coroação ou em outra ocasião solene, mas quando isso acontece você descobre quanta pesquisa o comentarista fez. Muito de sua pesquisa nunca será utilizado, mas você se sentirá muito bem no dia em que precisar se valer de um material que você mesmo resumiu e transformou em notas de fácil leitura que agora estão à sua frente.

Assegure-se, com uma visita antecipada ao local da transmissão, que você verá o que vai acontecer! É muito embaraçoso admitir que sua visão foi bloqueada por um novo palanque construído durante a noite. Converse longamente com os organizadores. Tenha certeza de que eles sabem que você estará lá no dia do evento e por quê.

O tom

Grandes ocasiões podem ser alegres ou tristes, e é função do comentarista de rádio transmitir a emoção geral pelo tom ou voz. Descrever o espetáculo do desfile do prefeito da City não é a mesma coisa que descrever as cerimônias do dia de homenagens aos mortos na guerra. Tenha sensibilidade para perceber que tipo de evento está sendo coberto. Ninguém quer que você seja um ator canastrão, mas há formas de emoção que devem ser usadas com propriedade.

Conteúdo e estilo

O que você dirá depende das oportunidades que lhe forem dadas. Você pode ser chamado para produzir vários boletins de dois minutos dentro de um programa. Não há tempo, então, para longas lembranças a respeito de detalhes históricos. Por outro lado, você pode ser solicitado para participar de um programa mais longo. Então, é essencial apresentar mais detalhes.

Em qualquer caso, não se esqueça de descrever as roupas das mulheres da realeza da forma mais detalhada possível. Muitos ouvintes são fascinados para saber que cores as princesas escolheram para suas coleções de primavera. Se os homens da realeza estiverem vestindo alguma coisa que não seja o tradicional fraque (talvez um saiote escocês?), então, certamente, isso precisa ser mencionado.

Silêncio, por favor...

Quando você está diante do microfone, depois de ficar calado por um longo período, vem a tentação de preencher com sua fala todos os segundos da transmissão. Resista. O ouvinte gosta de um descanso de vez em quando. Lembre de que os sons do dia contam suas próprias histórias. Uma pausa de alguns segundos quando o príncipe desce do carro, com o som do pelotão marchando, fala por si. As palavras do narrador não substituem o som inconfundível de dezenas de botas de soldados batendo no chão, precisamente ao mesmo tempo. Se você criar a moldura, os ouvintes poderão ver o quadro sem nenhuma outra ajuda.

ESPORTES

A essência para um bem-sucedido programa de esportes é simples: um serviço de informações rápido, preciso e bem documentado. Um livro todo pode ser escrito a respeito da reportagem e apresentação de programas esportivos, mas aqui estão algumas dicas.

Cobertura de competições

As coberturas de competições esportivas são feitas sob a forma de concessões, e a cobertura dos grandes eventos esportivos, como os campeonatos oficiais de futebol, é regida por contratos nacionais. O ouvinte quer saber instantaneamente qual o time e que jogador fez o gol. Essa é uma informação essencial. O repórter pode acrescentar mais detalhes alguns minutos depois.

A principal diferença entre as reportagens esportivas no rádio e na televisão é que no rádio quem liga o ouvinte ao jogo é o narrador, enquanto na televisão não há essa ligação. Em outras palavras, o espectador pode tirar o som da televisão e ainda assim acompanhar o que está acontecendo. No rádio, o narrador é o único elo de ligação com os acontecimentos. A regra geral é que as coberturas sejam simples e factuais. Narrações muito rebuscadas confundem o ouvinte. Evite o uso dos velhos e batidos clichês, muito repetidos ao longo dos anos.

O balão passou rente ao poste.
Tarde propícia para a prática do futebol.
A partida apresentou muitos altos e baixos.
As fortes chuvas prejudicaram o gramado.
O esquadrão alvi-negro.
E assim, o melhor craque em campo falou à nossa reportagem.
Ele foi mais cedo para o chuveiro.
A partida foi adiada *sine-dine*.
Faz um calor senegalesco aqui no gramado.
E o Santos sagrou-se campeão mais uma vez.
Foi o momento crucial da partida.
O alvi-negro lembra seu passado de glória.
O mau tempo reinante prejudicou a partida.
Foi saudado pelo numeroso público presente.

Ilustração 14.7 — Alguns clichês esportivos que devem ser evitados.

A cobertura esportiva diária

O uso competente da agenda é um dos mais importantes fatores para o sucesso de uma redação de esportes. É claro que todos os jogos previstos devem ser agendados, mas mais importante de que isso são as anotações que devem ser feitas para acompanhar o dia-a-dia dos acontecimentos. Por exemplo, na segunda-feira, dia 1º, você começou a acompanhar o caso de um técnico do time local que disse que o jogador Smith ficaria sem jogar por três semanas devido a uma distensão muscular. Então, imediatamente, você registra o caso na página referente ao dia 21 e, nesse dia, pergunta ao técnico sobre a volta do jogador. Não só o técnico ficará impressionado com o fato de você estar "em cima" do acontecimento, mas isso criará também uma boa impressão junto aos ouvintes.

Os boletins esportivos diários

A credibilidade da cobertura esportiva de uma emissora depende da qualidade dos seus boletins diários, assim como das transmissões dos jogos nas tardes de sábado. Tanto um quanto outro devem ser seguros e informativos. As regras gerais para escrever textos esportivos são as mesmas usadas para o jornalismo em geral. A chave do sucesso é o estabelecimento de boas relações com as fontes, como os técnicos de futebol ou *rugby*. Para produzir um boletim de esportes, você começa do nada. Diferente da redação de jornalismo em geral, você não tem como ligar para os serviços de emergência, mas é possível fazer uma "rodada" de telefonemas para os seus contatos nos clubes.

Há três coisas importantes a serem lembradas sobre o relacionamento com as pessoas do esporte. Primeiro, seja cortês. Segundo, tenha conhecimento do assunto (técnicos de futebol não levam a sério entrevistadores que perguntam "com quem vocês vão jogar amanhã?"). Terceiro, evite fazer especulações, ainda que isso seja tentador.

CAPÍTULO 15

O FUTURO DO RADIOJORNALISMO

O futuro do radiojornalismo está assegurado. Haverá sempre um grande interesse por notícias locais. Nos próximos anos, crescerá ainda mais o número de rádios locais que precisarão de noticiário local e, com isso, aumentará o número de empregos para os jornalistas. É um setor em crescimento. Na rádio comercial, particularmente, a audiência continua crescendo, com o aumento das possibilidades de escolha das emissoras por parte dos ouvintes, o que é também uma boa notícia para os anunciantes.

Contudo, continuarão as mudanças nas formas de trabalho dos jornalistas e no modo de funcionamento das redações. Elas passarão a trabalhar com menos pessoas, e essas pessoas terão de possuir todas as habilidades de um experiente radialista. É um desafio estimulante participar da redação de uma rádio local.

As formas como os noticiários são apresentados no rádio continuarão a se desenvolver. Embora haja sempre espaço para um jornalismo objetivo e direto no rádio, estamos começando a ver um crescimento na ênfase dada às formas de produção e apresentação das notícias, com o objetivo de conquistar e manter maior público, num momento de alta competitividade, na era das teclas automáticas de sintonia. O conteúdo, por seu lado, se desenvolverá cada vez mais por meio de pautas editoriais que reflitam claramente os valores e os costumes dos grupos demográficos que a emissora atinge.

A revolução tecnológica prossegue. Mais redações se tornarão computadorizadas, tornando fitas de gravação e máquinas de rodar cartuchos coisas do passado. Os boletins de notícias serão escritos, compilados e cronometrados pelas telas de computadores. As gravações serão armazenadas nos discos rígidos. O locutor de notícias irá sentar-se em frente a um computador para apresentar seu boletim, lendo o roteiro e o texto diretamente da tela e tocando nela para acionar as entradas das gravações. Já há experimentos para a produção de boletins "virtuais" que favorecerão emissoras com poucos recursos, uma vez que essa seria uma forma de reduzir os custos de produção e aumentar o volume de suas transmissões de notícias. Contudo, ainda não há um consenso sobre seu uso, e as novas tecnologias que estão sendo desenvolvidas para permitir que os boletins da manhã sejam rodados automaticamente ainda não apontam para uma breve concretização desse objetivo.

Assim como a redação, também o repórter na rua estará sendo beneficiado com a revolução tecnológica. Quanto mais forem usados os equipamentos digitais para gravações, melhor será a qualidade técnica das entrevistas. Os equipamentos se tornarão cada vez menores e, assim, mais portáteis. A rapidez e a qualidade notadas na transmissão das notícias para a redação aumentarão com o uso dos telefones celulares. Os repórteres já estão ligados diretamente às redações computadorizadas usando processadores de texto portáteis, aos quais podem ser acoplados fones de ouvido.

Tudo isso torna o trabalho dos repórteres e da redação mais rápido e eficiente, dando mais tempo para acompanhar um conjunto maior de notícias. A produtividade aumentará porque as novas tecnologias serão vistas cada vez mais como um elemento "liberador". O velho modelo de rádio deverá desaparecer diante do desenvolvimento do Digital Audio Broadcasting (DAB) nos próximos anos. Um número cada vez maior de emissoras vai passar a transmitir com a qualidade de CDs, sem nenhuma interferência.

O início da década de 1990 foi marcado por modificações na propriedade e no gerenciamento das rádios locais mantidas pela propaganda, com diversas estações pequenas sendo adquiridas por grandes grupos empresariais. Esses novos proprietários trouxeram mais recursos e muitas vezes passaram a usar a programação local em suas redes nacionais. No entanto, como as notícias da cidade e da região são um ponto forte na programação das emissoras locais, isso acaba evitando que elas venham a ser totalmente absorvidas pelas grandes redes.

Com os lucros obtidos pelas emissoras comerciais e com o sucesso que elas obtiveram na conquista de audiência e de anunciantes, os seus proprietários e outros grupos interessados no ramo continuam ampliando as compras e incorporações de emissoras locais de rádio. Com o processo de desregulamentação implantado pelo governo, provavelmente veremos um número ainda maior de rádios locais se tornar propriedade das empresas que editam os jornais locais e possuem ligações com as televisões locais via cabo. Existe uma natural sinergia entre esses três tipos de veículo, e não há dúvida de que eles podem trabalhar em conjunto tirando disso vantagens mútuas.

Com todas essas mudanças técnicas e operacionais, é sempre importante lembrar algumas condições básicas para a produção de um bom radiojornalismo. Haverá sempre a necessidade de talentos jovens e brilhantes para fazer esse trabalho e que possuam duas qualidades essenciais: entusiasmo e criatividade. É vital conservar essas pessoas na rádio local e não permitir que ela seja um simples degrau para um lugar na rádio nacional ou na televisão. O trabalho na rádio local deve ser, por ele mesmo, recompensador. Mas os radiojornalistas só permanecerão numa emissora local se o trabalho for estimulante e trouxer satisfação.

Contudo, há um perigo do qual devemos nos proteger, especialmente com o crescimento do uso das novas tecnologias nas redações: a tendência de pensar que as notícias simplesmente aparecem na tela ou na impressora.

Há uma verdade que jamais poderá ser esquecida: as notícias que você descobre e transmite só surgem por intermédio dos seus próprios esforços.

GLOSSÁRIO

AM: Sigla de Amplitude Modulada. Sistema de transmissão de sinais eletro-magnéticos realizado através da modulação da amplitude (ou comprimen-to) das ondas, em freqüências que variam de 550 a 1600 Khz. As faixas de om (Ondas Médias), ot (Ondas Tropicais) e oc (Ondas Curtas) adotam esse tipo de modulação.

Ambiente: Sons que dão idéia do local da transmissão. Podem ser ouvidos ao fundo de narrações, ou entrevistas, ou isolados em pequenos trechos no meio das matérias. Som ambiente.

Âncora: O principal apresentador de um programa. Além de ler o noticiá-rio, ele "chama" os repórteres que estão "na rua", os comentaristas e os entrevistados no estúdio. Ele raramente emite opiniões. Quando faz isso, deixa de ser âncora para se tornar comentarista ou editorialista.

Ângulo: O lado pelo qual uma informação jornalística pode ser abordada a partir de diferentes pontos de vista.

Ao vivo: Transmissão feita no momento exato do acontecimento.

Apagador: Aparelho que cria um forte campo magnético para apagar gra-vações em fitas.

Apuração: Levantamento de dados e acontecimentos realizado pela reda-ção para subsidiar uma futura reportagem.

Arquivo: Uma pasta (ou arquivo de computador) com notícias antigas que servem como referência para a cobertura de novos acontecimentos. Elas podem ser arquivadas em forma de texto ou de gravações.

Áudio: Literalmente qualquer som, mas a expressão é usada em algumas emissoras de rádio para designar uma gravação de um acontecimento que deve ser colocado no ar.

Basys: Nome comercial de um dos sistemas de computadores mais usados nas redações.

Bloco: Conjunto de notícias, músicas e demais informações situado entre dois intervalos comerciais, nas emissoras mantidas pela propaganda ou institucionais nas emissoras públicas.

Break: Expressão inglesa usada em algumas emissoras para designar o intervalo comercial.

Briefing: Resumo de instruções transmitidas pela chefia aos responsáveis por um trabalho. Os repórteres geralmente saem para a cobertura de determinado acontecimento com um *briefing* do caso.

Cabeça: Dispositivo eletromecânico que converte os sinais elétricos de audiofreqüência em informações gravadas em fitas magnéticas para posterior reprodução. As cabeças podem gravar, reproduzir ou apagar sinais sonoros.

Cabeça da matéria: Abertura de uma notícia ou reportagem. É o fato mais importante, destacado logo no início da informação para prender a atenção do ouvinte. Geralmente a cabeça é lida pelo apresentador no estúdio. Deve-se evitar sempre sua repetição no texto ou na locução ao vivo que se segue.

Caixa de sapato: Intercomunicador para estabelecer contato entre a redação e o estúdio, ou entre outras partes da emissora.

Cartucheira: Aparelho de gravação e reprodução de sons que por meio de um sistema eletromecânico aciona os cartuchos nela inseridos.

Cartucho: Uma fita de gravação acondicionada numa caixa de plástico, usada para transmitir gravações curtas, como trechos de entrevistas, informações gravadas pelos repórteres, *jingles* comerciais etc.

Cps: centímetros por segundo (para medir velocidade das fitas de gravação)

DAB: Sigla em inglês para Transmissões Sonoras Digitalizadas, uma nova tecnologia que permite o aumento do número de emissoras transmitindo em determinada área, com alta qualidade de som, semelhante à dos CDs, e sem interferências.

DAT: Sigla em inglês de Gravador Digital de Sons. É um aparelho que permite gravações de alta qualidade em fitas digitais inseridas em pequenas caixas de plástico, semelhante aos cassetes.

DAVE: Sigla em inglês do Editor Digital Visual de Sons. Um gravador e editor de sons digital e portátil.

Decupagem: Processo de registro da ordem e da duração das diversas seqüências de uma reportagem gravada, com anotação de frases capazes de identificá-las posteriormente, para fins de edição.

Decibel: Unidade de medida relativa entre dois níveis de potência. Para medir o som costuma-se adotar como ponto de referência a mínima potência acústica perceptível pelo ouvido humano. Em aparelhos sonoros de gravação e reprodução adotam-se outras referências, o chamado nível zero, que corresponde à máxima potência conveniente para uma reprodução sem distorções.

Deixa: Palavras finais da matéria que indicam ao locutor e ao operador de som o momento em que outro trecho da informação deve ir ao ar. Designa também o ponto de edição.

Demo tape: Uma gravação de um trecho de trabalho radiofônico, geralmente usado para fins de apresentação de candidatos a postos de trabalho nas emissoras.

Disco rígido: A parte do computador destinada a armazenar informações de forma permanente para um imediato acesso e edição.

Digital: Forma eletrônica de registrar e apresentar as informações. Suas características principais são a amplitude constante e a não continuidade com o tempo. É o sistema usado por todos os computadores.

DJ: *Disc-jockey*, apresentador de programas musicais.

Dolby: Sistema utilizado para reduzir os ruídos e melhorar a qualidade do som, aplicado geralmente em equipamentos de gravação.

Dubbing: Processo de cópia de gravação em outra fita ou em outro disco de computador.

Edição: Preparo das gravações originais antes de serem transmitidas, com a supressão de trechos considerados desnecessários ou incompreensíveis. Ela pode ser feita fisicamente, com cortes e colagens na fita, ou digitalmente, no computador.

Efeito especial: Recurso sonoro (vento, chuva, trânsito etc.) produzido pelo sonoplasta.

Equalização: Correção eletrônica de sinais de gravação e de reprodução, para compensar as deformações na intensidade das freqüências, de forma a diminuir a distorção e fazer com que o som reproduzido se assemelhe ao original.

Equalização de linha: Processo de compensação dos sons agudos quando o som é transmitido por linhas telefônicas.

Exclusividade: Cobertura de um acontecimento ou transmissão de uma notícia realizada apenas por uma emissora.

Externa: Programação ou gravação realizada fora do estúdio.

Extra: Notícia que devido à sua grande importância justifica a interrupção da programação, a qualquer momento, para ser transmitida.

Fechamento: Horário auto-imposto pela redação para o recebimento de matérias para os radiojornais. Nos boletins de notícias, o fechamento ocorre cinco minutos antes de eles irem para o ar.

Fitas de rolo: Fitas de gravação usadas em gravadores de rolo.

Fitas cassete: Fitas de gravação usadas em gravadores do tipo cassete.

Fita magnética: Fita revestida em uma das faces por material magnético que registra ou reproduz os sinais transmitidos pela cabeça do gravador, que variam em freqüência e intensidade.

FM: Abreviação de Freqüência Modulada, sistema de transmissão em que a onda portadora, na faixa de 88 a 108 Mhz, é modulada em freqüência. As transmissões em FM sofrem menos incidência de ruídos e apresentam maior fidelidade de resposta. Os carros de reportagem externa são freqüentemente chamados de viaturas de freqüência modulada, por transmitirem nessa faixa.

Free lance: Ou "frila". Jornalista contratado para fazer um determinado trabalho. Não faz parte do quadro fixo da redação.

Freqüência: Parâmetro usado para caracterizar a repetição de determinado fenômeno. É o número de vibrações por segundo de uma onda ou corrente alternada, medida em hertz.

Fundo: O mesmo que *background* ou BG. São as músicas, ruídos ou sons de determinados ambientes que servem de suporte para a fala. Sons de fundo.

Ganho: Relação entre a entrada e a saída de um sistema de gravação, transmissão e amplificação medida em decibéis. Um som fraco produzirá também um sinal muito fraco no microfone, que, para ser reproduzido satisfatoriamente, deverá ter seu controle de volume elevado, para aumentar o ganho.

Gravador: Aparelho que converte o som em sinais magnéticos correspondentes, por meio de um microfone ligado a um amplificador. Esses sinais geram variações na intensidade de um campo magnético, e são gravados em uma fita de plástico revestida de uma camada de óxido de ferro, magnetizada em toda a sua extensão. Para reproduzir os sons, passa-se a fita por uma cabeça magnética reprodutora, na mesma velocidade usada na gravação. O magnetismo armazenado na fita induz oscilações de tensão na bobina do eletroímã da cabeça, produzindo sinais elétricos que são amplificados e reconvertidos em som por meio dos alto-falantes.

Hertz: Unidade de medida de freqüência, equivalente a um ciclo por segundo. Ao dizermos 70 Hz, isso significa que a corrente oscila (muda de direção) setenta vezes por segundo.

Identificação: Texto gravado que deve ser irradiado pela emissora com identificação do nome da empresa, localidade, freqüência e tipo de emissão (OM, OT, OC, FM), além do prefixo.

Inserte: Inserção de um trecho de uma gravação no meio de uma reportagem.

IR: Sigla em inglês de Rádio Independente, ou seja, todas as emissoras do país, exceto as da BBC. Hoje elas são chamadas de rádios comerciais.

IRN: Sigla em inglês de Radiojornalismo Independente, a maior agência de notícias voltada para o rádio comercial britânico.

ISDN: Sigla em inglês de Rede de Serviços Integrados de Transmissão Digital. É um serviço de telefonia terrestre de alta qualidade, que pode ser utilizado para transmissões radiofônicas, normalmente de forma temporária.

Jingle: Mensagem publicitária curta e musicada.

Khz: Abreviatura de quilohertz (1Khz = 1000 Hz)

Lauda: Folha padronizada onde é redigido o texto do programa, com as marcações para a técnica.

Limpar: Apagar uma fita.

Linha: Trajetória de envio e retorno de um sinal elétrico que pode ser dotada de amplificadores a intervalos regulares para cobrir grandes distâncias.

Linha (2): Postura editorial da emissora.

Linha permanente ou lp: Linha telefônica especial instalada para ligar os locais onde ocorrem regularmente fatos jornalísticos e os estúdios das emissoras. Por exemplo, Prefeituras, Câmaras de Vereadores, aeroportos, estádios etc.

Manchete: Notícias em destaque no início dos radiojornais ou de cada uma de suas seções, ressaltando, em não mais que uma linha de texto, os aspectos mais importantes ou mais recentes das informações contidas no noticiário que vem a seguir.

Marantz: Nome comercial de um gravador cassete muito utilizado no rádio.

Matéria: Conjunto formado geralmente por textos lidos no estúdio, gravações externas e, em alguns casos, entradas "ao vivo" de repórteres, sobre determinado assunto de interesse jornalístico.

Mesa de controle: Mesa onde são misturadas as diversas fontes de sons que formam um programa de rádio. Através dela passam os sons dos microfones, dos gravadores, das linhas telefônicas, dos discos ou dos CDs e são controlados os seus volumes. Elas geralmente são operadas por um técnico, mas em muitas emissoras isso é feito pelo próprio apresentador.

MHz: Abreviatura de Megahertz. 1 Mhz corresponde a 1000Hz.

Microfonia: Defeito de instalação de áudio em que o som dos alto-falantes retorna ao microfone provocando forte ruído. Isso ocorre com freqüência em rádio quando o entrevistado por telefone também está ouvindo o rádio e não reduz o volume.

No ar: Aviso luminoso informando que a transmissão está no ar.

Newslink: O sistema de transmissão e veiculação de publicidade nos horários nobres pelos quais as emissoras locais pagam os serviços da agência nacional de notícias da Grã-Bretanha, a IRN.

OM: Ondas Médias. Faixa de freqüência entre 540 Khz e 1600 Khz.

Onda: Vibração que se propaga pelo espaço, através da qual pode haver transporte de energia de um ponto a outro e a conseqüente transmissão do som.

Pauta: Roteiro de trabalho do repórter elaborado pela redação (ou pela chefia de reportagem).

Perda: O volume de saída do som é menor do que o da entrada.

Prefade: Dispositivo que permite ouvir e modular um som antes de ele ir para o ar. É usado normalmente para verificar os níveis de volume.

Picotar: Pequenos cortes seguidos numa transmissão externa. "O som está picotado."

Pipocando ou estourando: Quando o som, especialmente das consoantes, parece "estourar" porque o locutor está falando muito perto do microfone.

Pingue-Pongue: Perguntas feitas pelo apresentador a um repórter, dentro ou fora do estúdio. Pode ser também uma entrevista baseada em perguntas curtas e diretas, com respostas rápidas.

Povo-fala: Uma série de depoimentos curtos de pessoas, obtidos geralmente na rua e editados em seqüência.

Potenciômetro: Aparelho que permite o controle do volume de graves, agudos, balanço etc.

PPM **ou** *Peak Programme Meter*: Um aparelho com escalas que medem os níveis de som, mais especificamente os picos da transmissão. O PPM registra alterações de quatro decibéis e sua agulha reage instantaneamente a qualquer aumento do nível do sinal, mas seu retorno é lento para facilitar a leitura do nível de pico dos sons gravados.

Quilohertz: 1000 hertz — 1 ciclo por segundo.

Radioescuta: Profissional que acompanha o noticiário das emissoras concorrentes, ou de outras cidades, e as faixas de serviço para coletar informações que possam gerar pautas na sua redação.

RAJAR: Sigla em inglês do Instituto de Pesquisas de Audiência de Rádio, que realiza o acompanhamento da audiência tanto da BBC como das emissoras comerciais.

Rede: Termo usado para identificar uma transmissão conjunta e simultânea de uma mesma programação feita por duas ou mais emissoras.

Retranca: Expressão retirada do jornalismo impresso e utilizada para identificar, por meio de uma só palavra, determinada matéria. Serve para identificar as matérias nos roteiros, nos cartuchos ou nos arquivos dos computadores.

Reunião da pauta: Reunião periódica de editores para selecionar os assuntos que serão cobertos naquele dia, ou em determinado período do dia.

RSL: Sigla em inglês do Serviço de Licença Restrita, uma forma de concessão temporária dada pela Radio Authority para que determinados grupos realizem transmissões de rádio por no máximo um mês. As áreas cobertas são pequenas, e as transmissões têm como objetivo cobrir determinados eventos ou servir como teste para que os grupos possam depois pleitear uma licença permanente.

Script: Roteiro para gravação ou veiculação de um radiojornal.

Som ambiente: Vozes, ruídos e músicas característicos de um local e que servem de fundo para uma entrevista ou reportagem.

Sonoplasta: Profissional encarregado de selecionar e adequar as sonorizações e efeitos sonoros, editados antecipadamente, gravados ou não, que compõem um programa radiofônico.

Splice: O processo de cortar e depois colar dois pedaços de uma fita para efeito de edição.

Tape: A fita magnética utilizada para gravações.

Teaser: Breve e instigante chamada para promover uma notícia ou um programa que vem a seguir.

Tráfego: Expressão usada nas emissoras comerciais para identificar o departamento que organiza os blocos de propaganda para transmissão.

UHF: Sigla em inglês de Freqüência Ultra-Alta, de 30 a 300 Mhz.

UM — Unidade Móvel: Viatura equipada com todas os recursos para realizar gravações e transmissões externas.

Vinheta: Chamada de curta duração, usada para destacar o intervalo e o reinício.

VHF: Sigla em inglês de Freqüência Muito Alta, de 300 a 3000 Mhz.

SOBRE OS AUTORES

Paul Chantler é editor de programação do Essex Radio Group. Iniciou sua carreira como jornalista local na cidade de Kent e foi jornalista e radialista por dezessete anos, trabalhando na Invicta Radio, Southern Sound, BBC Wiltshire Sound, Chiltern Radio Network e Galaxy Radio.

Sim Harris é um experiente jornalista e radialista *free lance*. Trabalhou para a Devonair Radio, Chiltern Radio, BBC Radio, BBC Television, LBC e Network News.

NOVAS BUSCAS EM COMUNICAÇÃO
VOLUMES PUBLICADOS

IMPRESSO NA

sumago gráfica editorial ltda
rua itauna, 789   vila maria
02111-031   são paulo   sp
tel e fax 11 **2955 5636**
sumago@sumago.com.br

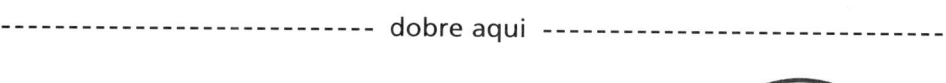

RADIOJORNALISMO

summus editorial
CADASTRO PARA MALA DIRETA

Recorte ou reproduza esta ficha de cadastro, envie completamente preenchida por correio ou fax,
e receba informações atualizadas sobre nossos livros.

Nome:_____ Empresa:_____

Endereço: ☐ Res. ☐ Coml. _____ Bairro:_____

CEP: _____-_____ Cidade: _____ Estado: _____ Tel.: ( ) _____

Fax: ( ) _____ E-mail: _____ Data de nascimento: _____

Profissão:_____ Professor? ☐ Sim ☐ Não Disciplina: _____

1. Você compra livros:

☐ Livrarias   ☐ Feiras
☐ Telefone   ☐ Correios
☐ Internet   ☐ Outros. Especificar:_____

2. Onde você comprou este livro?

_____

3. Você busca informações para adquirir livros:

☐ Jornais   ☐ Amigos
☐ Revistas   ☐ Internet
☐ Professores   ☐ Outros. Especificar:_____

4. Áreas de interesse:

☐ Educação   ☐ Administração, RH
☐ Psicologia   ☐ Comunicação
☐ Corpo, Movimento, Saúde   ☐ Literatura, Poesia, Ensaios
☐ Comportamento   ☐ Viagens, *Hobby*, Lazer
☐ PNL

5. Nestas áreas, alguma sugestão para novos títulos?

_____

6. Gostaria de receber o catálogo da editora? ☐ Sim ☐ Não

7. Gostaria de receber o Informativo Summus? ☐ Sim ☐ Não

Indique um amigo que gostaria de receber a nossa mala direta

Nome:_____ Empresa:_____

Endereço: ☐ Res. ☐ Coml. _____ Bairro:_____

CEP: _____-_____ Cidade: _____ Estado: _____ Tel.: ( ) _____

Fax: ( ) _____ E-mail: _____ Data de nascimento: _____

Profissão:_____ Professor? ☐ Sim ☐ Não Disciplina: _____

summus editorial
Rua Itapicuru, 613 – 7º andar   05006-000   São Paulo - SP   Brasil   Tel.: (11) 3872 3322   Fax: (11) 3872 7476
Internet: http://www.summus.com.br   e-mail: summus@summus.com.br

cole aqui